近代精神文化系列

报刊史话

A Brief History of the Press in China

李仲明 / 著

社会科学文献出版社

SOCIAL SCIENCES ACADEMIC PRESS (CHINA)

图书在版编目（CIP）数据

报刊史话/李仲明著 . —北京：社会科学文献出版社，2011.12
（中国史话）
ISBN 978 - 7 - 5097 - 2847 - 5

I. ①报… II. ①李… III. ①报刊 - 新闻事业史 - 中国 - 近现代 IV. ①G219. 295

中国版本图书馆 CIP 数据核字（2011）第 222329 号

"十二五"国家重点出版规划项目

中国史话·近代精神文化系列

报刊史话

著　　者／李仲明

出 版 人／谢寿光
出 版 者／社会科学文献出版社
地　　址／北京市西城区北三环中路甲 29 号院 3 号楼华龙大厦
邮政编码／100029

责任部门／人文科学图书事业部　（010）59367215
电子信箱／renwen@ ssap. cn
责任编辑／孙以年
责任校对／黄　丹
责任印制／岳　阳
总 经 销／社会科学文献出版社发行部
　　　　　（010）59367081　59367089
读者服务／读者服务中心（010）59367028

印　　装／北京画中画印刷有限公司
开　　本／889mm×1194mm　1/32　印张／5.5
版　　次／2011 年 12 月第 1 版　　字数／108 千字
印　　次／2011 年 12 月第 1 次印刷
书　　号／ISBN 978 - 7 - 5097 - 2847 - 5
定　　价／15.00 元

总　序

　　中国是一个有着悠久文化历史的古老国度，从传说中的三皇五帝到中华人民共和国的建立，生活在这片土地上的人们从来都没有停止过探寻、创造的脚步。长沙马王堆出土的轻若烟雾、薄如蝉翼的素纱衣向世人昭示着古人在丝绸纺织、制作方面所达到的高度；敦煌莫高窟近五百个洞窟中的两千多尊彩塑雕像和大量的彩绘壁画又向世人显示了古人在雕塑和绘画方面所取得的成绩；还有青铜器、唐三彩、园林建筑、宫殿建筑，以及书法、诗歌、茶道、中医等物质与非物质文化遗产，它们无不向世人展示了中华五千年文化的灿烂与辉煌，展示了中国这一古老国度的魅力与绚烂。这是一份宝贵的遗产，值得我们每一位炎黄子孙珍视。

　　历史不会永远眷顾任何一个民族或一个国家，当世界进入近代之时，曾经一千多年雄踞世界发展高峰的古老中国，从巅峰跌落。1840 年鸦片战争的炮声打破了清帝国"天朝上国"的迷梦，从此中国沦为被列强宰割的羔羊。一个个不平等条约的签订，不仅使中国大量的白银外流，更使中国的领土一步步被列强侵占，国库亏空，民不聊生。东方古国曾经拥有的辉煌，也随着西方列强坚船利炮的轰击而烟消云散，中国一步步堕入了半殖民地的深渊。不甘屈服的中国人民也由此开始了救国救民、富国图强的抗争之路。从洋务运动到维新变法，从太平天国到辛亥革命，从五四运动到中国共产党领导的新民主主义革命，中国人民屡败屡战，终于认识到了"只有社会主义才能救中国，只有社会主义才能发展中国"这一道理。中国共产党领导中国人民推倒三座大山，建立了新中国，从此饱受屈辱与蹂躏的中国人民站起来了。古老的中国焕发出新的生机与活力，摆脱了任人宰割与欺侮的历史，屹立于世界民族之林。每一位中华儿女应当了解中华民族数千年的文明史，也应当牢记鸦片战争以来一百多年民族屈辱的历史。

当我们步入全球化大潮的 21 世纪，信息技术革命迅猛发展，地区之间的交流壁垒被互联网之类的新兴交流工具所打破，世界的多元性展示在世人面前。世界上任何一个区域都不可避免地存在着两种以上文化的交汇与碰撞，但不可否认的是，近些年来，随着市场经济的大潮，西方文化扑面而来，有些人唯西方为时尚，把民族的传统丢在一边。大批年轻人甚至比西方人还热衷于圣诞节、情人节与洋快餐，对我国各民族的重大节日以及中国历史的基本知识却茫然无知，这是中华民族实现复兴大业中的重大忧患。

中国之所以为中国，中华民族之所以历数千年而不分离，根基就在于五千年来一脉相传的中华文明。如果丢弃了千百年来一脉相承的文化，任凭外来文化随意浸染，很难设想13亿中国人到哪里去寻找民族向心力和凝聚力。在推进社会主义现代化、实现民族复兴的伟大事业中，大力弘扬优秀的中华民族文化和民族精神，弘扬中华文化的爱国主义传统和民族自尊意识，在建设中国特色社会主义的进程中，构建具有中国特色的文化价值体系，光大中华民族的优秀传统文化是一件任重而道远的事业。

当前，我国进入了经济体制深刻变革、社会结构深刻变动、利益格局深刻调整、思想观念深刻变化的新的历史时期。面对新的历史任务和来自各方的新挑战，全党和全国人民都需要学习和把握社会主义核心价值体系，进一步形成全社会共同的理想信念和道德规范，打牢全党全国各族人民团结奋斗的思想道德基础，形成全民族奋发向上的精神力量，这是我们建设社会主义和谐社会的思想保证。中国社会科学院作为国家社会科学研究的机构，有责任为此作出贡献。我们在编写出版《中华文明史话》与《百年中国史话》的基础上，组织院内外各研究领域的专家，融合近年来的最新研究，编辑出版大型历史知识系列丛书——《中国史话》，其目的就在于为广大人民群众尤其是青少年提供一套较为完整、准确地介绍中国历史和传统文化的普及类系列丛书，从而使生活在信息时代的人们尤其是青少年能够了解自己祖先的历史，在东西南北文化的交流中由知己到知彼，善于取人之长补己之短，在中国与世界各国愈来愈深的文化交融中，保持自己的本色与特色，将中华民族自强不息、厚德载物的精神永远发扬下去。

《中国史话》系列丛书首批计 200 种，每种 10 万字左右，主要从政治、经济、文化、军事、哲学、艺术、科技、饮食、服饰、交通、建筑等各个方面介绍了从古至今数千年来中华文明发展和变迁的历史。这些历史不仅展现了中华五千年文化的辉煌，展现了先民的智慧与创造精神，而且展现了中国人民的不屈与抗争精神。我们衷心地希望这套普及历史知识的丛书对广大人民群众进一步了解中华民族的优秀文化传统，增强民族自尊心和自豪感发挥应有的作用，鼓舞广大人民群众特别是新一代的劳动者和建设者在建设中国特色社会主义的道路上不断阔步前进，为我们祖国美好的未来贡献更大的力量。

陈奎元

2011 年 4 月

⊙李仲明

作者小传

　　李仲明，1950 年生于北京，山东省梁山县人，中国社会科学院近代史研究所副编审。著有：《李少春传略》、《梨园宗师——梅兰芳》、《百年家族：梅兰芳》、《百年家族：谭鑫培》、《报刊史话》、《何应钦大传》、《抗战时期的文化教育》（合著）、《梁漱溟口述实录》（合著）等。

目 录

一　千呼万唤始出来

中国古代报纸源流

中国有报纸始自唐朝。据史家考证，约公元713年，即唐玄宗开元年间，《开元杂报》在唐朝首都长安（今西安）创刊，这是中国最早的报纸。唐朝人孙樵所著《经纬集》一书，对《开元杂报》记载甚详，说它"系日条事，不立首末"，记事多报道朝廷政事。

1982年，在英国伦敦大英博物馆发现了一份中国唐朝末年（887）的《进奏院状》，原件长97厘米，宽34厘米，从右至左上下行文，字迹工整，记载归义军节度使遣邸吏赴朝廷的经过。这份邸报是1900年在敦煌石窟发现的。1914年被英国人斯坦因从敦煌千佛洞宝库中窃走。这是现存的中国最古老的报纸，也是世界现存最古老的报纸。

到宋朝时，进奏院发的报纸仍称《进奏院状报》，但该报已是中央一级的官报了。各州进奏吏根据官报传抄、选摘再发出的报纸叫"邸报"，邸报为政府公报性质，内容有诏令、奏章、官吏任黜、接见外国使臣情况，等等。邸报在宋代发行很广，除京都外，各地官吏和文人均通过阅读邸报知道朝中大事。著名诗人苏轼曾有"坐观邸报谈迁叟，闲说滁山忆醉翁"的诗句。

宋真宗咸平二年（999），北宋朝廷开始对官报实行"定本"制度，即规定由枢密院审查新编排的样报，经过"定本"，才允许向外面传发。这是中国最早的新闻检查制度。

邸报开始采用活字印刷始自明崇祯十一年（1638）。明朝末年，朝政腐败，朝廷对邸报的发行控制愈严，邸报的内容未经皇帝审定，不许抄传发布，更禁止在邸报上透露有关边防大事。1641年，洪承畴率明朝军队与清军会战于松山（今辽宁锦州南），兵败降清。崇祯皇帝闻边报手足无措，急召兵部尚书陈新甲密商，遂遣使赴沈阳求和。陈新甲不慎回家议论，其书童将此事弄到邸报上发出了。陈新甲遂被处死。

明末在北京对同一报纸曾有"邸报"和"京报"两种称呼。到清道光十年（1830），《京报》就成为清王朝政府机关报的唯一名称了。《京报》以"宫门抄"、"上谕"、"奏折"为次序，主要内容有皇帝的敕令和公告；宫廷简讯，包括人事任免事项；大臣的奏议和报告，时而刊登少量社会新闻。

《京报》严禁刊登未经内阁批准的内容。乾隆十五年（1750）夏，江西抚州卫千总卢鲁生反对皇帝南巡，他与南昌守备刘时达假借吏部尚书孙嘉淦的名义编写了一篇乾隆皇帝"巡幸"江南有"五不解十六过"的奏稿。这篇假奏稿被印入《京报》，乾隆帝十分震怒，亲自查处，历时三年方查清。卢被凌迟处死，刘被斩首。

伪奏稿案后，清政府建立了统一的公报房，取消了各省提塘自设的报房。当时北京有个荣禄堂南纸铺，借此机会得到承印、发售《京报》的特权。来自各地的一些报贩见有利可图，便联合起来，在北京正阳门外建起了报房，印刷发行《京报》。到清朝末年，北京已有聚兴、聚升等十几家报房。《京报》是黄色封面，上有红色套印的"京报"二字作报头，日出一小册，五六页至十数页不等。1911 年清王朝被推翻后，《京报》停刊。单纯为封建帝王服务的中国古代报纸的历史也宣告终结。

近代外国人在中国的办报活动

当西方帝国主义图谋东犯，进而侵占东南亚，窥视中国大陆时，清王朝还做着天朝上国、唯我独尊的美梦。外国传教士和商人遂于 19 世纪初期在中国和东南亚创办了一批中外文报刊，成为中国近代报刊的开端。

1815 年 8 月，英国基督教传教士马礼逊和米怜在马来西亚的马六甲创办了《察世俗每月统计传》月刊。这是外国人办的第一家中文新闻刊物。该刊用木版雕印，每期 5 页，约两千余字，以宣扬基督教教义和道德观为主要内容。为吸引中国读者，适合中国人的阅读习惯，该刊的形式编排尽量采用中国的传统形式，扉页上印有出自《论语》的话"子曰多闻择其善者而从之",并用中国人熟悉的章回体小说的形式撰文。刊物除在当地华侨中免费散发外,其中一部分送往中国的广州发行。最初只印 500 份,后增至 1000 份,到 1821 年停刊,共出版 80 余期。

在中国境内出版的第一家外文报纸,是 1822 年在澳门创刊的葡萄牙文报纸《蜜蜂华报》。而在中国境内出版的第一家英文报纸,是 1827 年创刊于广州的《广州纪录报》,该报曾迁往澳门,后迁往香港。

第一家在中国境内出版的中文刊物,是 1828 年在澳门创刊的《依泾杂说》。1832 年美国人在广州创刊,中间曾迁澳门、香港,后又迁回广州的《中国丛报》,则是在中国境内出版的第一家英文刊物。

除上述报刊,当时外国人创办的报刊主要有:

《特选撮要每月统计传》(1823 ~ 1826),中文,印度尼西亚的巴达维亚(今雅加达)。

《天下新闻》(1828 ~ 1829),中文,马六甲。

《东西洋考每月统计传》(1833 ~ 1837),中文,广州,新加坡。

《澳门钞报》(1834 ~ 1838),葡文,澳门。

《各国消息》(1838 ~   ),中文,广州。

《香港钞报》(1841 ~   ),英文,香港。

《东西洋考每月统计传》的创刊时间虽然晚于《依泾杂说》,但其对中文报刊的影响却远超过后者。该刊由基督教传教士普鲁士人郭士立创办,他在刊物内容编排上力图改变中国人心目中的"蛮夷"形象,用大量篇幅介绍西方的实用科技知识，并宣扬"四海之内皆兄弟"的观点，旨在炫耀西方文明，消除中国人的戒备心理。刊物还登载介绍唐诗、宋词、汉赋和荷马史诗等文章，客观上对中外文化的沟通，打破东西方文明的隔绝状态起到了一定作用。同时，由于他们对中国文化的了解十分肤浅，也闹出一些笑话。如郭士立兼任《中国丛报》编辑，他在该报第11期所写《红楼梦或梦在红楼》一文中，居然说贾宝玉是"一个性情暴躁的女子"。

直接为帝国主义侵华服务、鼓吹西方殖民政策的则以《中国丛报》等外文报刊最为明显。例如，美国强迫清政府签订的第一个不平等条约《望厦条约》中的一些条款就是在该报先期讨论过的。该刊主编裨治文通过参加这个条约的签订起草，成为美国驻华机构的顾问和参谋。

鸦片战争后，随着帝国主义对中国领土的步步侵略，外国人的办报活动也同商业贸易一样，从广东沿海逐渐扩展到两湖、江浙和京津等地。至19世纪末，各国以教会或传教士个人名义及少量商人创办的中外文报刊达170种，约占同时期我国报刊总数的95%，差不多垄断了我国的报业。

这一时期外国人在中国创办的中文报刊主要有：

《遐迩贯珍》（1853～1856），月刊，香港。

《六合丛谈》（1857～1858），月刊，上海。

《中外新报》（1858～1861），半月刊改月刊，宁波。

《上海新报》（1861～1872），周报，周三报，日报，上海。

《香港新闻》（1861～　　），香港。

《中外杂志》（1862～　　），月刊，上海。

《中外新闻七日录》（1865～　　），周刊，广州。

《中国教会新报》（1868～1907），周刊，月刊，后易名《万国公报》。

《中西闻见录》（1872～1892），月刊，北京，后迁上海。

《申报》（1872～1949），日报，上海。

《益闻录》（1879～1936），半月刊、周刊、周二刊，上海。后改名《格致益闻汇报》、《圣教杂志》。

《圣心报》（1887～　　），上海。

《新闻报》（1893～1960），上海。

《学塾月报》（1897～1932），月刊，上海。

这些报刊以"各国近事"、"商业消息"、"新闻评论"等为主要栏目，以宗教宣传为主要内容。由于帝国主义与中华民族的矛盾日益尖锐，这些刊物也常常污蔑参与反洋教斗争的中国人民为"乱民"、"愚民"，攻击太平天国革命队伍是"发逆"、"红头贼"，咒骂资产阶级民主革命家孙中山是"孙逆"等。其中，以《万国公报》刊期最长，发行量最大，也最有影响。

《万国公报》前身为《中国教会新报》，1874年改名《万国公报》，1887年广学会成立后成为该会的机关报，至1907年停刊。广学会由英美等国传教士、驻华外交官、上海租界工部局官员、商人及文化名人组成，他们中许多人为《万国公报》撰稿和担任编辑，如李提摩太、慕维廉、韦廉臣、艾约瑟、林乐知、丁韪良、狄考文、李佳白、花之安等。这些人长期在中国工作，熟悉中国的情况，与清廷内各派人士来往密切，所以他们知道如何利用报刊变换宣传策略，进行对中国的宗教、文化侵略活动。《万国公报》是以中国地主资产阶级权贵和知识分子为服务对象的综合性时事月刊，它以宣传宗教为幌子，更多是评论中国时局，同时介绍西方科学文化知识。在中国维新变法运动兴起之际，它亦大谈"变法"，曾刊载李佳白的《改政急便条议》、林乐知的《中西关系论略》、甘霖的《中国变新策》、李提摩太的《醒华博议》等讨论中国变法的文章，这些文章曾引起维新派和光绪皇帝的重视。其实，这些人所宣扬的变法主张与康有为、梁启超等资产阶级改良派的维新变法截然不同，后者旨在富国强兵，而前者认为中国只能在西方人控制下推行变法，作西方各国的附庸和殖民地。

如果说外国人办的中文报刊还有一定的欺骗性，遣词行文还有些收敛的话，那么他们创办的外文报刊则是剥掉伪装，赤裸裸地进行侵略中国的宣传。其首要者为《字林》。

《字林》1850 年 8 月在上海创刊，为英文周报。1859 年英国驻上海领事馆指定该报为颁布领事馆及商务公署各项公告的刊物。1864 年增出日刊，是为《字林西报》。该两报至 1951 年停刊，成为在中国出版时间最长、发行最广的外文报纸。该报创办人奚安门在发刊辞中说："我们现在是置在起点上，如果可能的话，它的结果不是短促的，消灭的，或旋作旋辍的，而是一个对于英帝国的永恒的根深的各国关系的断案。"中国在甲午海战失败后，面临帝国主义列强瓜分的危机，《字林西报》于1896年11月30日疯狂叫嚣："今俄、英、法、德不论何国，果尔出师，不入中国之境则已，既入其境，则长驱直进，随意要求，无有不如愿以偿者。"

当时与《字林西报》立场大同小异的外文报刊主要有：

《德臣报》（1845～　　　），英文，周报、日报，香港。

《孖剌报》（1857～　　　），英文，周报、日报，香港。

《中法新汇报》（1895～　　　），法文，日报，上海。

《京津泰晤士报》（1894～　　　），英文，周报、日报，天津。

这些报刊对中国人民的攻击、侮骂，激起中国近代爱国人士的愤慨和抨击。王韬在《上方照轩军门书》中，指责外报"其所言论，往往抑中而扬外，甚至黑白混淆，是非倒置"。梁启超在《时务报》第十八期编者按中指出外报"不论理之是非，事之曲直，惟以谩骂为得计"。

外国人在中国创办的报刊虽然本质上是为帝国主义侵华服务的，但客观上许多报刊介绍西方文化、科技知识，促进和沟通了中西文化的交流，并把先进的印刷技术引进中国，从而作了中国人自办报刊的催化剂。

🌥 *3* 近代中国人早期的办报活动

在外国人创办的中外文报刊中，许多报刊社任用中国人做经理和中外文编辑。这些人中有相当一部分受过封建教育，接触过西方文化，成为帝国主义在中国报界的买办知识分子。如《申报》的业务经理人赵逸如、席子眉、席子佩，编辑和主笔吴子让、蒋芷湘、钱昕伯、董式权、蔡尔康、袁祖志；《新闻报》的业务经理人汪汉溪，编辑郁岱生；《上海新报》的编辑董明甫等。

还有一部分人却从官僚买办、地主阶级中转化出来，成为民族资产阶级爱国知识分子的代表。如《孖剌报》译员、创办《中外新报》的伍廷芳；中国第一个留美学生、创办《汇报》的容闳；《德臣报》译员、创办《华字日报》的陈蔼亭等。

有一位并非报人的人物值得一提，这就是 1838 年冬被道光皇帝派往广州查禁鸦片的钦差大臣林则徐。

林则徐于 1839 年 2 月到广州后，为进一步掌握英、美烟商的动态和英国的军事行动，专门组织了一些人员摘译西报，主要是从英国商人在华主办的《广州周报》上选译出部分新闻和评论，编辑成《澳门新闻纸》6 册，这是中国报刊史上最早的外文中译本，也是由中国人编译的第一份官方报纸。主要内容包括：印度出产鸦片及贩运到中国来的经过；英、美鸦片商人贿赂清朝官员得以放行的情况；清政府的禁烟措施及收缴鸦片的记载；对林则徐禁烟行动的评论；各国鸦片商人要求英、法、美政府出兵向中国政府示威的叫喊；英国干涉中国禁烟、鼓吹发动侵华战争的言论，等等。根据《澳门新闻纸》上的材料，林则徐又命人按专题分别整理，汇辑成《澳门月报》，主要分为：①各国（指英、美、印度、沙俄、阿富汗等国）地理、历史概况；②各国舆论对中国禁烟运动的反映；③外国报刊对中国社会状况以及茶叶贸易、兵事等方面的评论。以此为基础，林则徐又让人编辑了《四洲志》。后来，林则徐的友人魏源根据《四洲志》编撰成《海国图志》，并提出"师夷长技以制夷"的主张。无论从抵御外患，思想启蒙，还是对近代中国报刊业，林则徐组织编译报纸的活动都有非同寻常的意义。因此，史学家范文澜称林则徐为"开眼看世界的第一人"。

鸦片战争后，中国人自己办的报刊逐渐多了起来。如前述《孖剌报》译员伍廷芳，利用外报的印刷条件，借用《孖剌报》的一套旧铅字，于1858年年初在香港创办了《中外新报》，这是中国人主办的第一份中文报纸。初为每周二、四、六发行，不久改为日报，由黄平甫、伍廷芳担任报纸编务，1919年停刊。1864年，陈霭亭在香港创办了《华字日报》，黄平甫、王韬等人先后担任主笔，该报至1941年终刊。

至甲午战争前中国人创办的报刊还有：

《羊城采新实录》，1872 年在广州创刊。

《昭文新报》，1873 年在汉口创刊，艾小梅主编。

《循环日报》，1874 年在香港创刊，王韬主编。

《汇报》，1874 年在上海创刊，容闳创办，后改名《彙报》，又更名《益报》。

《新报》，1876 年在上海创刊。

《维新日报》，1879 年在香港创刊，后改名《国民日报》。

《述报》，1884 年在广州创刊。

《广报》，1886 年在广州创刊。

这些报刊的创办人和主编与外商企业和洋务派有千丝万缕的联系。有的报刊依赖外商和洋务派官僚；有的报刊受外国人所办报刊的攻击；多数报刊还经常受到清政府和帝国主义租界当局的"律例"限禁。因此这些报刊更多刊载"广听远闻"、"利便贸迁"，而极少触及清廷统治，只限于揭发、议论"胥吏行凶"、"考场情弊"等现象，反映了早期民族资产阶级的软弱性。尽管如此，除香港的几份报纸外，内地报纸仍不能摆脱被迫停刊的厄运，出版时间一般在一年至五六年。

对帝国主义贪得无厌的侵略行径，这些报刊还是给予了大量披露和谴责。其中《述报》刊载了大量关于中法战争的电讯、消息、评论，谴责法国侵略者"黩武穷兵，悖理横行"，赞扬黑旗军"屡挫其锋，斩其将帅，深夺法人之魄"。该报还就 1884 年 9 月至 11

月香港工人拒绝整修法国军舰、搬运给养、拒绝卖货物给法国人一事，先后发表了《忠愤可嘉》、《深知大义》、《敌忾同仇》等14篇报道，声援香港人民的爱国正义斗争。

这些报刊中影响最大，政论性较强的报纸是《循环日报》。

4 王韬和《循环日报》

《循环日报》的创办人兼主编王韬，江苏苏州人，生于1828年，原名利宾。青年时曾在英国传教士麦都思开办的上海墨海印书局当编辑。他和麦都思等合作，完成了《格致西学提要》和《瀛堧杂志》等译著。1861年他回家乡探亲期间，正值太平天国李秀成军准备进攻上海，乃署名黄畹，上书太平天国苏福省民政长官，建议太平军争夺巩固长江中下游并缓攻上海。不想上书条陈被清军缴获，遭清廷通缉，遂于1862年秋逃往香港，改名韬，字仲弢。王韬在香港生活、工作二十几年，其间两次出国，先后访问英、德、法、日等国，耳濡目染西方政治、经济、文化、科学，深感中国要富强，必须改变现状。1870年他访问欧洲回国后，积极为《华字日报》撰稿，他编译的《普法战纪》，曾在该报连载。

1873年，王韬和朋友留美归国学生黄平甫开始筹划办报。先集资设立中华印务总局。翌年2月，《循环日报》创刊。该报新闻版分"京报选录"、"羊城新闻"、"中外新闻"三栏，用机制白报纸印刷；船期、商情版用土纸印刷。创刊第二年增出月报，选载汇集日报上的重要新闻和评论。《循环日报》以1874年到1884年王韬任主编时影响最大。该报新闻版的"中外新闻"栏内经常登载王韬撰写的政论文章，成为中国第一家以政论为主的有影响的报纸。

　　这10年中，王韬以"天南遁叟"、"遁窟废民"等笔名，在《循环日报》上发表了《变法》、《变法自强》、《重民》等大量政论文章。他谈古论今，认为"天下事未有久而不变"者，比照世界大势，系统地提出他的政治改良方案。王韬主张政治上以英国的"君主立宪"式的资产阶级政体为模式，改变中国的封建专制；经济上改变"重农抑商"政策，引进开矿、机器纺织、轮船铁路建造等外国先进技术，扶植和鼓励民族工商业的发展；军事上学习西方国家的训练方法和军队编制；教育上"学校之虚文宜变"，以实学取士，选拔人才。王韬的驳论文章《琉事不足辨》，以大量的历史材料，证明琉球自隋朝以来就是中国的属国，驳斥了日本帝国主义的"琉球向归日本说"。他的政论文开门见山，短小精悍，深入浅出，笔锋犀利，语句铿锵有致，文气流畅贯通，较之同时代的八股文章，确有耳目一新之感。因此，王韬的政论文经常为内地报刊转载。他的政论风格对后来改良派的办报活动有较为深刻的影响。

　　《循环日报》还刊载了当时的改良派政论家郑观应的许多文章，如《论边防》、《论传教》、《论吏治》、

《论商务》、《论交涉》等文，从政治、军事、经济、外交各方面阐述学习西方以图自强。他的政论文章后来辑入《盛世危言》等文集，对社会和青年影响很大。

5 清末报刊业的发展与商业性报纸的竞争

19世纪末，中国近代报刊业有了较大发展，中外文报刊种类日益增多，版面更加丰富，编辑水平日渐提高，印刷出版业务方面也有了很大改进。

1834年，美国传教士将在中国找到的中文木刻活字运往波士顿。复制成中文铅活字，然后运回中国。1859年，美国传教士甘布尔在中国宁波的英华书馆试制成功电镀汉文字模，并做成盛装24盘常用字的元宝式字架。从此，铅版活字取代木版活字逐渐在中国复制和推广。进入70年代后，多数中文报纸都已经改用铅字印刷，但印刷机在当时还靠手摇，并采用中国自制的连史纸单面印刷，效率很低，一小时仅出数百张。后来，一些报刊社开始用煤气印刷机代替手摇印刷机，报刊用纸改用机制白报纸。现代化的石印技术也被引入中国报刊业，上海《申报》采用石印时间较长，除了出报，其附属的点石斋印书局和中昌印书局，印刷发行了数百种书籍。如《申报》附属画刊《点石斋画报》，就是用连史纸出的，每期由画师把选摘的新闻和社会趣事画成图画，再石印出版，很受读者欢迎。

这一时期出版的中文日报，在版面安排和整个报纸的编辑方面，已比清末的《京报》有了很大改观，栏目增多，标题醒目，大部分日报的版面由书册式改为单页式，较重要的新闻标题用大号字，以引起读者注意。

许多报社一改闭门等稿之陋习，开始重视新闻采访和报道。1875年《申报》便在北京、南京、苏州、杭州、汉口、宁波等20多个城市聘有特约记者。1874年7月22日，《申报》特派记者就6月日本借口台湾"生番"杀戮琉球人及日本人，派兵进攻"番社"一事，从台湾发回第一篇台湾战讯。

随着19世纪80年代电信业在中国的逐渐发展，报纸为急于刊发不能拖至第二天的重要消息，便产生了"号外"。1884年8月至1885年6月，《申报》陆续报道了有关中法海战的十几期"号外"，使读者很快知道两军交战的情况。

再如通信、日记、杂谈、随笔、游记、诗词、短篇小说乃至商业广告等，也渐渐进入报纸的版面，增加了报纸的新闻性、文艺性和商业性。

这期间还出现了定期的画刊。如1875年3月创刊面向中小学生，图文并茂的《小孩月报》，1880年5月上海圣教会编印的《图画新报》和1884年8月创刊的《点石斋画报》。《点石斋画报》是当时唯一一份能够联系时事绘制图像进行新闻报道的，其中如反映中法战争的《法败详闻》、《谅山大捷》等，很受欢迎，尽管这些画图多为想象和虚构。鲁迅在《上海文艺之一瞥》一文中说该画报"神仙人物，内外新闻，无所不画，但对于外国事情，他很不明白，例如画战舰罢，是一只商船，而舱面上摆着野战炮；画决斗则两个穿礼服的军人在客厅里拔长刀相击，至于将花瓶也打落跌碎"。

随着 19 世纪末中国人自办报刊的增多，外国传教士所办报刊的市场渐小。而以外商名义创办的报刊开始注重赢利，并展开了商业竞争。

1861 年由英商庇克乌德创办的《上海新报》，以刊登新闻广告为主，兼发评论、随笔，销路很好。该报 1870 年 3 月 24 日曾用头号活字排印标题，用四号字排印正文，开中文报纸使用新闻标题的先河。1872 年《申报》开办，《上海新报》为了与之争夺读者，星期日照常出报。内容编排上也加强了上海特色。

《申报》全名《申江新报》，缩写为《申报》，由英国商人安纳斯脱·美查和朋友伍华德、普兰亚、麦基洛合资创办，1872 年 4 月 30 日出版了第一号。《申报》一问世，便与《上海新报》展开激烈竞争。在内容与形式上，美查颇有心计，他认为："报是给华人看的，文字应从华人方面着想。"因此他选择任用中文功底较深厚的举人、秀才做主笔。《申报》创刊不久，即以新闻、评论、文艺（副刊）、广告四大块为主要栏目，确立和奠定了中文报纸的基本结构。《申报》宣传孔孟思想，并就市民关心的问题撰写社论。《上海新报》则经常宣传西方宗教，比较脱离社会，主笔的文字水平也不及《申报》。在报纸发行上，《申报》并不局限于上海一地，它先在杭州设立分销处，很快又扩展到国内的其他城市，销量不断上升。而《上海新报》仅限于上海一地，读者量较小。在报纸价格上，《上海新报》每份零售价铜钱 30 文，《申报》则薄利多销，每份只要 8 文，《上海新报》不得不于当年 6 月末降价至 8 文。因这两家报纸均由英国人所办，后经协商调停，《上海新报》于 1872 年自动停刊。

《申报》在上海报坛独领风骚二十几年，其间多项实践，如实地采访、发号外、电讯传递等均为中国报刊史之首。1876 年 3 月 30 日，《申报》增出用白话文编写的《民报》两日刊，开了我国报纸"增刊"和白话文的先声。

1874 年初至 1877 年 4 月，《申报》连续报道了被称为晚清四大奇案之一的杨乃武与小白菜案。该案是 1873 年发生于浙江省余杭县的一桩冤案。1874 年余杭县初审时，认定杨乃武与毕秀姑（即小白菜）合谋毒死毕的丈夫，此案报到杭州后复审判为死罪。当年 1 月《申报》曾发报道《记余杭某生因奸谋命事细情》，随着该案长达三年的审理过程，《申报》连续刊载《审余杭谋夫案出奏》、《杨氏案略》等十几篇报道、文章和各级官员向清廷的奏折，并派记者到北京采访开棺验尸的现场实况，直至 1877 年 4 月 11 日该案平反。

郑逸梅的《〈申报〉为什么宣传杨乃武案》一文认为该报创办人美查别有用意，因为"美、英、法等国强迫我国签订了不平等的天津条约……外国人在我国而有特殊审判之权，这是对我国国家主权的破坏，理所当然地引起我国人民的反对。于是他们就抓住杨乃武案件，说中国司法是怎样的黑暗，刑罚是怎样的残酷，非外国人所能忍受，云云，弦外之音，就是非推行领事裁判权不可"。

但是，不论《申报》用意如何，它在客观上披露了这件广大民众十分关注的案子，引起清廷注意，该案最后真相大白，多名贪官污吏被摘下乌纱。杨乃武出狱后常到上海小住，曾任《申报》通讯员并撰稿，《申报》销数激增。此后一帆风顺，直到19世纪末，才遇到强劲对手《新闻报》的挑战。

由英国商人丹福士主办的《新闻报》创刊于1893年，六年间销路一般，报纸亦无鲜明特色。1899年丹福士经营工厂亏损，便出售《新闻报》还债。时任南洋公学校长的美国人福开森买下该报，任用原南洋公学的总务汪汉溪为总经理。

福开森、汪汉溪注意到《申报》是以政治新闻为主、栏目齐全的综合性报纸。《新闻报》若是亦步亦趋，显然竞争不过《申报》，他们另辟蹊径，紧紧抓住上海是全国商业中心的特点，决定把《新闻报》办成介绍商情和经济新闻为重点的报纸。汪汉溪特别在各个行业雇佣了一批业余访员，向报社提供市场消息。这样，报纸刊登最新市场消息，各市场、商行也因此增长了商品销售量，《新闻报》的销路增多，大批广告也随之而来。《新闻报》一度成为上海的商情指南，许多商店都摆着《新闻报》，当时有"柜台报"之称。

为了早出报、多出报，汪汉溪运用资金周转手段，不断购置新式的印刷设备，赢得了出版时间。在管理上，汪汉溪对报纸的编排要求十分严格，赏罚分明，他曾提出"新闻快速，纸张洁白，校对精良，编排醒目"的口号，提高《新闻报》的工作质量。

《申报》和《新闻报》很长一段时间在上海报坛并驾齐驱，后者的印数和销路曾超过前者，亦与上海是全国商业中心有关。

二 山雨欲来风满楼

资产阶级改良派报刊与《时务报》

1894 年中日甲午海战，北洋水师全军覆没，清政府被迫签订了丧权辱国的《马关条约》。英、法、俄、美、德等帝国主义列强也加紧了掠夺、瓜分中国权益的侵略步伐。

国家多难，民族危亡，许多具有改良主义思想的爱国知识分子深受刺激，纷纷提出变法维新、强国御敌的主张，并通过创办报刊广为宣传。

变法维新运动的领导者是康有为。他曾利用 1888 年 10 月在北京参加"顺天乡试"（考举人的考试）的机会，上书清朝皇帝，提出"变成法，通下情，慎左右"的治国之策。1895 年 3 月，康有为再次赴北京参加会试，正值《马关条约》签订，康有为乃联合参加会试的 1300 余人上书清帝，提出拒签和约、迁都抗战和变法图强的救亡纲领。接着，他又给皇帝上了第三书、第四书。由于顽固派的阻挠，光绪皇帝仅看到第三书。康有为由此深感必须通过变法维新的舆论宣传，改变朝中官僚士大夫的守旧、封闭思想，于是筹划办报和组织学会活动。

经过康有为和梁启超几个月的努力筹备，1895年8月17日，资产阶级改良派主办的第一家报纸《万国公报》在北京创刊。该报因与上海广学会办的报纸重名，遭到教会势力的攻击，所以在出到第45册时改名为《中外纪闻》，并于强学会成立后，转为该会的机关报。

《中外纪闻》由梁启超和麦孟华任编辑，该报隔天出版，每期10页，约4500字，主要栏目有"上谕"、"外电"、"译报"、"各报选录"、"评论"，等等，梁、麦还经常在新闻后面撰写编者按语和四五百字左右的时评。委托《京报》的报房代为排印，每期印行1000份，后增至3000份，请出售《京报》的报贩免费分送给在北京的官员。该报经费初由康有为独力承担，后来又接受了陈炽等人的资助。

康有为曾在该报发表《开会主义书——强学会序》，文章力陈中国之危急形势，同时介绍了印度、土耳其、安南、朝鲜等国被侵略、吞并的情况，大声疾呼中国灭亡后的悲惨前景，号召爱国的知识分子，以德、日两国为榜样，成立"强国之会"，以维新变法来拯救祖国。许多人读了康有为的文章，不禁潸然泪下。

一些顽固派官僚极力攻击康有为和强学会，拒阅《中外纪闻》，指责强学会及该报"植党营私"，"将开处士横议之风"，要求查禁《中外纪闻》。

康有为被迫于1895年10月离京赴上海，在黄遵宪等维新党人协助下创设了强学会上海分会，又于1896 年 1 月 12 日创办了《强学报》，由康有为的弟子徐勤、何树龄主编。该报为铅印，同《中外纪闻》一样免费赠阅。《强学报》第一号说明办报宗旨是"广人才，保疆土，助变法，增学问，除舞弊，达民隐"。康有为的《强学会报序》指出，中国所以受侮于列强，是由于"愚弱"，摆脱"愚弱"必须"自强"，倡言"学则智，群则强"。该报以"托古言变"等手法表达维新派的变法要求，《强学报》第一号所发表的《孔子纪年说》认为"凡所称为尧、舜、禹、汤、文、武成功盛德，皆孔子所发也。孔子既损益而定制，弟子传其道，弥塞天下"。《强学报》刊头的出版日期更赫然印着"孔子卒后二千三百七十三年"，清朝的纪年已不在话下。该报第一号上，还刊载了一则光绪皇帝未加公开的上谕，编者借此阐述变法思想，指出自古至今"千年一大变，百年一中变，十年一小变……孔子作六经，而终以《易》，专言变通。盖穷则变，变则通，通则久；不变则不能久矣"。

《强学报》出版三期，就和《中外纪闻》一样，被迫停刊。1 月 26 日的《申报》曾报道："昨晚七点钟，南京来电到本馆云：自强学会报章，未经同人商议遽行发刊，内有廷寄及孔子卒后一条，皆不合。现时各人星散，此报不刊，此会不办。同人公启。"

《中外纪闻》、《强学报》遭到封禁，维新派一时沉寂了。但列强压迫、外患频仍，人们要求变法维新改良救国的呼声却是压抑不住的。从新加坡回国不久的黄遵宪"愤学会之停散，谋再振之，欲以报馆为倡"，他与汪康年、梁启超反复商量，决定利用强学会上海分会的余款及黄遵宪、邹凌翰的部分捐款作经费，由黄、汪、梁、邹和维新派官员吴德潇五人联名，在上海租界创办《时务报》，并于 1896 年 8 月 9 日刊行了第 1 册。

《时务报》由梁启超任总主笔，汪康年任总经理，主要撰稿人有麦孟华、欧榘甲、徐勤、章太炎等人。该报以政论文章为主，还有上谕、奏折、京外近事、海外译报等内容，至 1898 年 8 月两年间，共出版 96 期。梁启超因创办《时务报》，积极提倡变法而名扬天下，成为变法维新运动中卓越的报刊评论家。

梁启超（1873～1929），字卓如，号任公，广东新会人。他 11 岁中秀才，16 岁中举。17 岁入京会试，开始接触西方资产阶级的自然科学和社会科学，返回广州后拜康有为做老师，在万木草堂苦读四年，成为康有为的得意门生和维新变法运动的助手。从创办《中外纪闻》开始，梁启超从事报刊宣传活动先后 25 年，主编报刊在十种以上。在《时务报》创刊号上，梁启超著文《论报馆有益于国事》谓："无耳目、无喉舌，是曰废疾。今夫万国并立，犹比邻也。齐州以内，犹同室也。比邻之事而吾不知，甚乃同室所为不相闻问，则有耳目而无耳目；上有所措置不能喻之民，下有所苦患不能告之君，则有喉舌而无喉舌；其有助耳目喉舌之用，而起天下之废疾者，则报馆之为也。"

《时务报》所发表的最重要的变法维新政论文章，

是梁启超的《变法通议》，这篇几万言的长文，一直连载了 43 期。文章写道："法者，天下之公器也；变者，天下之公理也。大地既通，万国蒸蒸，日趋于上，非可阏制。变亦变，不变变。变而变者，变之权操诸己，可以保国，可以保种，可以保教；不亦变而变者，变之权让诸人，束缚之，驰骤之。"梁启超提出："变法之本，在育人才；人才之兴，在开学校；学校之立，在废科举；而一切要其大成，在变官制。"梁启超分析精辟，论述流畅，看过他的文章，确有振聋发聩、耳目一新之感。

《时务报》猛烈抨击了封建文化。梁启超在《西学书目表后序》中指出"旧学之蠹在国，犹附骨之疽，疗疽甚易，而完骨为难……今之谓儒者，八股而已，试帖而已，律赋而已，楷法而已"。徐勤在《中国除害议》中指出，长期实行科举制度使"朝无才相，阃无才将，疆无才吏，野无才农，市无才商，肆无才工"，"覆中国亡中国，必自科举愚民不学始也。不除科举搭截枯窘之题，不开后世书后世事之禁，不去大卷白折之楷，八股之体、试帖之诗、定额之限、场期之促、试官之少、累试之繁而求变法自强，犹欲行而求及前也"。徐文的犀利尖刻，很多人看了觉得痛快淋漓，同时也刺激了一些守旧派，就是介于洋务派和维新派之间的张之洞，看过此文，如芒刺背，心中大为不满，指令汪康年不得继续刊登这篇文章。结果，《中国除害议》只登了三期。

在发展、保护民族资本主义经济方面，《时务报》

发表了汪康年的《论华民宜速筹自相保护之法》和麦孟华的《榷署议内地机器制造货物章程书后》等文章。在宣传维新派"伸民权"、"设议院"等主张方面，刊登了梁启超的《古议院考》、《论中国积弱由于防弊》，赵而霖的《开议院论》，汪康年的《中国自强策》，严复的《辟韩》等文章。在揭露甲午海战后帝国主义列强侵略罪行方面，登载了麦孟华的《尊侠篇》，梁启超的《论中国之将强》、《论加税》等，引起朝野上下的关注。

湖南邹代钧给汪康年的信中说《时务报》"阅之令人狂喜，谓识文兼具，而采择之精，雕印之雅，犹为余事，足洗吾华历来各报馆之陋习。三代以下，赖有此举"。《时务报》创办初期就发行到4000多份，最多时达到1.8万份，创造了当时报纸的最高发行纪录。许多维新党人主动帮助推销，如北京的陈炽，天津的严复、夏曾佑，南京的谭嗣同等。谭嗣同后来还被推为《时务报》董事。地方维新派官员，如湖南巡抚陈宝箴、杭州知府林启、安徽巡抚邓华熙等，也都通令下属订阅《时务报》。

《时务报》的成就自然离不了梁启超，他在《创办时务报原委》一文中曾记载"每期报中四千余言归其撰述；东西文各报二万余言归其润色；一切奏牍告白等项归其编排；全本报章归其复校。十日一册，每册三万字，经启超自撰及删改者几万字，其余亦字字经目经心。六月酷暑，洋蜡皆变流质，独居一步楼上挥汗执笔，日不遑食，夜不遑息……"

正值《时务报》兴盛之际，张之洞支持汪康年釜底抽薪，排挤梁启超，并以表面的报刊产权之争来掩饰对维新派舆论阵地的争夺。康有为等力图为维新派夺回这块阵地，但老谋深算的张之洞已鼓动汪康年，将《时务报》改为《昌言报》。

《时务报》虽然易帜，但在它的影响下，全国各地维新派团体和报刊纷纷创立。当时比较有代表性的报刊有《知新报》、《湘学报》、《湘报》、《国闻报》等。

《知新报》于1897年2月22日在澳门创刊，何廷光、康广仁任经理，何树龄、徐勤等人为主笔。《知新报》初为五日刊，后改旬刊、半月刊。它更注重对变法新政的报道，政论文章则注意阐述废科举、设学校、育人才的意义。该报还刊载了康有为历次请求变法的奏折。梁启超、韩文举、吴恒炜等亦在该报撰稿。该报因在澳门出版，清政府鞭长莫及，所以戊戌政变后并未查禁，直到1901年1月出至133册时才停刊。

《湘学报》（先叫《湘学新报》，半年后改名《湘学报》）于1897年4月22日在长沙创刊，是改良派在湖南地区的第一份刊物，得到湖南巡抚陈宝箴、按察使黄遵宪、学政江标、徐仁铸等的支持。《湘学报》由唐才常主编，每十日出版一次，设"掌故"、"史学"、"时务"、"舆地"、"算学"、"商学"、"交涉"七栏，该报《例言》这样说：

民智恶乎开？开于学。学术恶乎振？振于师。顾安所得天下之老师宿儒悉以明体达用之新法渐

之，则报馆其师范嚆矢也。环球报馆林立，虽妇
孺莫不以阅报为事，故周知时事，察检新理，目
营四海身属九州，舍此别无良法。

该报主编唐才常是维新运动中杰出的政治活动家，
他与谭嗣同同学，又一道参加变法活动。戊戌政变后，
唐才常出亡日本，回国后参加自立军，拥戴光绪帝复
辟，1900 年 7 月在汉口被捕后牺牲。他也是著名的报
刊活动家，不仅主编《湘学报》和《湘报》，还是
《亚东时报》主笔，给《大陆》、《民权素》、《清议报》
写过文章。在《湘学报》期间，唐才常用洴澼子的笔
名写过许多文章，向读者介绍西方国家的历史和政治、
经济制度，提出在中国实行君主立宪的政治主张。湖
南改良派人士杨毓麟、蔡钟浚、易鼐等人也参加了
《湘学报》的编撰工作。该报 1898 年 8 月 8 日终刊。

《湘报》是湖南改良派的另一张报纸。1898 年 3
月 7 日在长沙创刊。由谭嗣同、唐才常等创办，唐才
常任主编，熊希龄等任董事，戴德诚、梁启超、樊锥、
何来保、谭嗣同等任撰述，是南学会的机关报，日刊。

《湘报》积极宣传变法维新，创刊伊始，就发表梁
启超的《论湖南应办之事》、唐才常的《辨惑》、樊锥
的《开诚篇》等文。《开诚篇》论述中国为什么必须
变法，揭露甲午战争以来帝国主义列强侵略中国的罪
行，斥责、批评顽固派对维新变法的破坏，呼吁中下
层知识分子团结奋斗，保国保种保教。

值得一提的是，湖南维新派领袖谭嗣同积极参加

了《湘报》前期的办报活动。他撰写了《湘报后叙》、《试行印花税条说》、《论湘粤铁路之益》、《记官绅集议保卫局事》等 20 多篇政论文章，就推广新学新政、鼓励绅商投资新式资本主义企业等问题发表见解，对湖南的变法维新运动起到促进作用。《湘报》1898 年 10 月 15 日停刊。

《国闻报》1897 年 10 月 26 日创刊于天津。有日报（即《国闻报》）和旬报（名曰《国闻汇编》）两种。日报以津、京及华北等地新闻为主，还有上谕、外电、论说等。旬报则着重刊载外国事情，及时报道重要消息和论说译文。该报以了解、学习西方为目的，意在"通中外之故"，由严复、王修植、夏曾佑、杭辛斋任主编。

严复（1854～1921），福建侯官人。1866 年考入福州船政学堂，后赴英国留学，学习了西方资产阶级的自然科学和社会科学。回国后曾在福建母校和天津北洋水师学堂担任教习、总教习、总办，他写作政论文章，翻译西方资产阶级的社会科学著作，参加维新派的办报活动。辛亥革命后，他依附袁世凯，成为"复古"派。1921 年于福州病逝。

严复在创办、主编《国闻报》之前，就曾写过不少政论文章，1895 年 2～6 月，他在天津《直报》上发表了《论世变之亟》、《原强》、《原强续篇》、《辟韩》、《救亡决论》等文章，从军事、政治、教育等方面宣传变法维新，其中《辟韩》一文，批评了韩愈在《原道》中所阐发的尊君思想，大声呼喊"秦以来之为君，正所谓大盗窃国者耳！""斯民也固斯天下之真主也！"

严复在《国闻汇编》上刊载了由他翻译的《天演论》（英国生物学家赫胥黎的著作）和《群学肄言》（英国资产阶级社会学者斯宾塞的著作）的部分译文。他所介绍的"物竞天择，适者生存"的思想，给变法图强的人们以强烈的刺激。一家报刊评论说"自严氏书出，而物竞天择之理，厘然当于人心，而中国民气为之一变"。除译文外，严复在《国闻报》发表了许多政论文章。他的《论胶州章镇高元让地事》、《论胶州知州某君》、《驳英泰晤士报论德据胶澳事》等篇，揭露了德国对胶州湾的侵略行径，谴责了当地官员"奴颜婢膝，拱手让地"的丑态。

《国闻报》及时报道、评论维新派保国会的活动，宣传百日维新。在顽固派势力的监视、压迫下，《国闻报》后期刊发稿件较为谨慎，但戊戌政变后第七天，仍在题为《视死如归》的文稿中，报道了谭嗣同等六人遇害的消息，哀悼维新派志士。不久，严复、夏曾佑等人离去，《国闻报》被卖与日本人主办。

❷　从《清议报》到《新民丛报》

戊戌政变后，以慈禧为首的后党政府查禁改良派报刊，通缉康有为、梁启超等资产阶级改良派领袖。康、梁被迫逃亡日本，开始了海外的办报活动。

在日本横滨，梁启超得到旅日侨商冯镜如、林北泉等人的资助，加上黄遵宪等人的捐款和自己的部分银两，于 1898 年 12 月 23 日创办《清议报》。该报为旬刊，每册 30 至 40 页，3 万余字，至 1901 年 11 月停刊时共出 100 册。《清议报》名义上由冯镜如担任发行兼编辑人，实际上由梁启超主编，麦孟华、欧榘甲协助编辑。

《清议报》的宗旨是"保皇"，它极力主张光绪复政，反对慈禧"行废立篡位之实"。梁启超说光绪是中国"二千年来之贤君圣主"，幻想依靠光绪改变社会面貌。该报揭露、抨击慈禧的专制独裁和荣禄、刚毅等顽固派官僚的腐败。梁启超在《论变法必自平满汉之界始》一文中，认为若倡导革命，在地广人多的中国，必将出现争权夺利互相残杀的局面，导致中国走向分裂。他还寄希望于帝国主义列强扶助光绪重新掌权。

当然，《清议报》也作了一些"开发民智"的宣传。梁启超曾撰文介绍英国唯物主义哲学家霍布斯、荷兰唯物主义哲学家斯宾诺莎和法国启蒙思想家、哲学家卢梭等人的哲学、政治、社会学说，并对照中国的情况，宣传"民权"思想，喊出"国亡即家亡，国存即家存，国兴即家兴，国衰即家衰"的爱国呼声。

作为著名的资产阶级启蒙思想家，梁启超的文章在当时产生了极为深刻、广泛的影响，他的文体之风也敢于打破传统格式，摒弃陈词套语，把炽烈的思想情感和清新的叙述分析结合起来，纵横驰骋，极富感染力。如他的《少年中国说》末段：

红日初升，其道大光。河出伏流，一泻汪洋。潜龙腾渊，鳞爪飞扬。乳虎啸谷，百兽震惶。鹰隼试翼，风尘吸张。奇花初胎，矞矞皇皇。干将发硎，有作其芒。天戴其苍，地履其黄。纵有千古，横有八荒。前途似海，来日方长。美哉我少年中国，与天不老！壮哉我中国少年，与国无疆！

文章写得奔放流畅，气势雄浑，读来颇感振奋，使人觉得做一个热爱祖国的中国少年的骄傲。

1901 年 12 月，《清议报》出到第一百册，梁启超的《本报第一百册祝辞并论报馆之责任及本报之经历》写就并以特大号刚刚出版，报社便遇到火灾，馆舍、设备被焚毁，《清议报》只得停刊。

1902 年 2 月 8 日，在冯紫珊等人与梁启超多方筹款、积极组织下，《新民丛报》正式创刊，出版地仍为日本横滨。

《新民丛报》由梁启超主编，创刊之初因人手少，梁启超写作很勤，像《新民说》、《新民议》、《敬告我同业诸君》、《论政府与人民之权限》、《国家思想变迁异同论》、《敬告我国民》等文章，均是在这段时间写就的。后来，蒋智由、麦孟华、马君武等人协助梁启超编辑该报，狄平子、张东荪、蔡锷、徐佛苏、黄遵宪等亦为该报撰稿。

《新民丛报》先为半月刊，后为不定期（有时两三个月出一期）刊，有"论说"、"学说"、"时局"、"史传"等十几个栏目。出版时间共 6 年，出 96 号。该刊是戊戌变法后资产阶级改良派最有代表性的刊物，它一变《清议报》抨击清政府的做法，而以"维新吾民"为宗旨，开展对民众的教育。

创刊号开始连载的梁启超的《新民说》一文，认为，中国的积弱，不是由于清政府的腐败统治和帝国主义的侵略、掠夺，以及半殖民地半封建生产关系的束缚，而是由于国民缺少公德、私德、国家思想、义务思想、权利思想，及进取、冒险、自由、自治、进步、自尊等精神，有的只是"堕落衰败"，因此，中国若欲富强图存，只能革自己落后精神状态的命，只能采取办教育开民智等手段，断不可革命，因为"国终非以此瞎闹派之革命所可得救，非惟不救，而又以速其亡"。

为教化民众，该刊广为介绍政治、军事、经济、哲学、法律、历史、地理、宗教、科学、文学等领域的新知识。仅1902年在卷首刊登的80幅插图中，介绍西方国家人物和景物的就占75幅，著名西方学者培根、笛卡儿、达尔文、孟德斯鸠、卢梭、亚里士多德、康德、黑格尔、圣西门等都被专文介绍，只不过它所介绍的学理并不准备实施。如介绍了卢梭的《民约论》，撰稿者便申明："此说万不能实现者也。"介绍了孟德斯鸠的资产阶级政府的三权分立说，又申明："此说亦万不能实现者也。"

既然《新民丛报》旨在教民"保皇"，当然它要维护陈旧的封建思想，并以维护君权的孔子为楷模，宣扬"孔教者，悬日月，塞天地，而万古不能灭者也"。它还介绍孟子、管子、商鞅、王安石等的思想与变法主张，来宣传资产阶级改良，论证和维护君主立宪。

《新民丛报》初期也宣传革命，但它宣传革命是为改良服务的。梁启超在《敬告我同业诸君》中说：

> 诸君如欲导民以变法也，则不可不骇之以民权，欲导民以民权也，则不可不骇之以革命，当革命论起，则并民权亦不暇骇，而变法无论矣。若更有可骇之论倍蓰于革命者出焉，则将并革命亦不暇骇，而民权更无论矣。大抵所骇者过两级，然后所习者乃适得其宜（原文夹注：如欲其习甲，则当先骇之以乙，继骇之以丙，然后其所习者，适在甲。当其骇乙时，骇乙者十之七，而骇甲者犹十之三，及骇之以丙，则彼将以十之七骇丙，以十之三骇乙，而甲已成为习矣）。

也就是说，"民权"也罢，"革命"也罢，其实都是为改良派的变法服务的，前两者为手段，后者才是目的。

以康有为、梁启超为代表的资产阶级改良派的从变法维新到复辟保皇，决定了由他们主办的改良派报刊与资产阶级革命派报刊的激烈论战是不可避免的了。

③ 《中国日报》与资产阶级革命派报刊

自 1894 年组织第一个资产阶级革命派团体兴中会

始，孙中山就认识到报刊宣传的舆论作用，他在翌年香港兴中会总部拟订的《兴中会章程》中曾提出"设报馆以开风气"的主张。随着资产阶级革命派发动的大小起义多次失败，孙中山和资产阶级革命党人逐渐认识到推翻清朝政府只有依靠广大民众，并大造革命舆论，才有可能促进资产阶级革命的胜利。

经过一段时间的筹备，1900年1月25日，孙中山委托陈少白在香港创办了《中国日报》。这是资产阶级革命派创办的第一份报纸。由陈少白任社长兼总编辑。该报出版日刊、旬刊两种：日刊每天出报两大张，陈少白主编。旬刊称《中国旬报》，杨肖欧、黄鲁逸主编，出至1901年3月第37期后停刊，其"鼓吹录"栏移入日报，作为文学副刊，陆伯周、黄鲁逸、郑贯公先后任主编。该报1911年移广州出版，1913年被广东军阀龙济光封闭。

陈少白（1869～1934），广东新会人。青年时期在西医书院与孙中山同学，与孙中山、尤烈、杨鹤龄四人因倡言革命，被并称为"四大寇"。陈为孙中山早期从事革命宣传的得力助手，曾任同盟会香港分会会长。辛亥革命后出任广东都督府的外交司长。

《中国日报》初刊时，出于主客观因素和策略考虑，论说较为平和，与改良派报刊并无二致。创刊半年后，由于英国侵略军正与清政府处于交战状态，港英当局并不查禁报刊是否有反清言论。同时，清政府的丧权辱国丑行激起人民的更大愤慨，《中国日报》的言论也逐渐激烈，报上开始出现"革命"的字样，并常常刊发有关会党起义的报道。

1900年夏，严复、唐才常在上海开会，主张反对清政府、拥护光绪复辟。章太炎在会上力排众议，坚决反对勤王，并当场剪掉辫子以示其反清决心。会后，撰文《请严拒满蒙人入国会状》和《解辫发说》，寄给《中国》报馆，前者揭露清朝统治阶级对汉族人民的屠杀，历数"扬州之屠，江阴之屠，嘉定之屠，金华之屠，广州之屠"的罪行；后者认为留辫发乃"大辱"，激烈抨击清政府。

《中国旬报》第19期全文发表了章太炎的文章，充分肯定章太炎的革命精神，其按语指出：

> 章君炳麟余杭人也，蕴结孤愤，发为罪言，霹雳半天，壮者失色，长枪大戟，一往无前，有清以来，士气之壮，文字之痛，当推此次为第一。隶此野蛮政府之下，追而思及前明，耿耿寸心，当已屡碎矣。君以此稿封寄前来，求登诸报，世之深于世味者，读此文，当有短其过激否耶？本馆哀君之苦衷，用应其请，刊而揭之，俾此文之是非，得天下读者之公断，此则本馆之私意也。

《中国日报》还介绍英国资产阶级革命、法国资产阶级革命和1848年前后欧洲各国的民族民主运动史，宣传资产阶级"民权"思想。对于帝国主义列强在中国政治、经济、军事等方面的掠夺和侵略刊发了大量的文章和报道。该报副刊《鼓吹录》办得十分活跃，且对清王朝的讽刺、抨击，痛快淋漓。如"杂俎"栏中曾发表一篇"三字经"形式的文章《官吏资格》，给许多清朝官吏"画了像"：

　　皮要厚，膝要软，嘴要硬，耳要大，辫要小，足要捷，手要长，发要短，头要尖，舌要弯，心要黑，牙要黄，眼要快，背要圆，须要劣，颈要缩，音要响，膀要粗。

在香港，除《中国日报》外，还有郑贯公任总编辑的《世界公益报》、《广东报》、《有所谓报》。这三份报纸，与《中国日报》互相呼应，宣传民主革命，反对封建君权、神权，支持铁路国有，在省、港造成不小影响。

这一时期，随着国内外许多革命报刊的创办，出现了革命宣传活动的高潮。

仅在上海，即有《苏报》、《大陆》、《童子世界》、《国民日日报》、《警钟日报》、《二十世纪大舞台》等，还大量翻印了如《革命军》、《黄帝魂》、《孙逸仙》、《沈荩》、《猛回头》、《警世钟》等反清小册子。

由"留日学生最初第一人"戢翼翚创办的《大陆》杂志，于1902年12月9日问世，这是资产阶级革命派在国内创办的第一份报刊，共出版34期。主要撰稿和编辑戢翼翚、秦力山、杨荫杭、杨廷栋等，多在日本参加过《国民报》的工作。

《大陆》有论说、学术、谈丛、史传、纪事、小说等栏目，政论文居多。考虑到国内环境，其言论较为含蓄，不像《国民报》那样激烈。《大陆》"盖深有痛于大陆之事，而特为大声疾呼，以觉我大陆者也"（第一期《发刊词》）。它后来参加了与改良派的论战。

由章士钊主编的《国民日日报》，创刊于1903年8月。张继、何梅士、陈由己、谢晓石、苏曼殊等参加编辑工作。在《苏报》被查封、著名记者沈荩被杖毙的险峻形势下，《国民日日报》不畏封建强权，公开出版。该报不隐讳自己的观点，公开抨击清王朝，并弃去清朝皇帝的帝号，首先改用公元和黄帝纪元的纪年法。

鉴于《苏报》的经验教训，该报比较注意宣传策略。它如实报道了《苏报》案的经过，刊发了章士钊写的《苏报案》述评，沈荩遇害一事也作了详细报道，同时登载悼念诗文。该报的评论文章《革天》、《道统辨》、《中国古代限抑君权之法》等，抨击封建礼教，渴望资产阶级民主。至1903年12月，因内部分歧而停刊。

1904年2月《警钟日报》创刊。由蔡元培任主编，刘师培、陈去病、汪允宗、柳亚子等任编辑和撰稿。4月26日，该报发表了孙中山自檀香山寄给国内友人黄宗仰的一封信，第一次在国内公布了"中华革命军"的政治纲领和誓词"驱除鞑虏，恢复中华，建立民国，平均地权"。同年8月，蔡元培辞去主编职，由汪允宗接任。1905年春，《警钟日报》揭露德国侵占山东的罪行，德国驻上海领事写信诡辩，

《警钟日报》义正辞严地予以驳斥，德国人老羞成怒，勾结清朝上海道袁树勋并通过上海租界强行查封报社，没收报社机器设备，逮捕工作人员戴普鹤、胡少卿。

1904 年 10 月，陈去病创办、主编了中国最早的戏剧杂志《二十世纪大舞台》，旨在"改革恶俗，开通民智，提倡民族主义，唤起国家思想"。柳亚子、金松岑、汪笑侬等为编辑和撰稿人。这个戏剧文学刊物，有着强烈的民族民主革命色彩。它公开说清政府为"北虏"、"虏骑"，宣布"崇拜共和"，提出"建独立之阁，撞自由之钟"。刊载的戏曲剧本《长乐老》、《安乐窝》等反清情感强烈。刊物还打算将清军扬州、嘉定屠城和法国、美国、意大利、波兰等国的资产阶级革命编成剧本刊出。《二十世纪大舞台》只出了两期便遭封禁了。

在广东、江苏、湖南、浙江、四川等地，也创办了《岭东日报》、《亚洲日报》、《觉民》、《俚语日报》、《萃新报》、《重庆日报》等进步报刊。其中由革命派创办的《杭州白话报》、《中国白话报》、《安徽俗话报》颇引人注目。

由项藻馨创办的《杭州白话报》，于 1901 年 6 月面世，初为月刊，后改旬刊、周刊、三日刊、日刊。钟寅、汪嶔、童学琦等任主笔，邵章、汪希、陈敬第（叔通）等任编辑。1903 年，孙翼中接任该报总编辑，报纸的革命倾向加强，同年第 29 期曾刊发一则讨论稿：

　　我们做百姓的苦

　　据做报人的眼睛看来，觉得我们中国的百姓，没有一刻它不在苦中做乐，没有一刻它能够自由自在。政府作威，百姓遭难，已是不平得很，还是借着赔款的名目，到处搜刮，无微不至。

　　我们做百姓们的，为什么要苦到这种地步呢？为什么单是我们做百姓的受苦呢？列位且想一想。

　　后来，《杭州白话报》成为光复会的革命党人进行秘密活动的联络点。1907 年 7 月，秋瑾在绍兴遇害，该报刊出一幅插画，画上有一艘航船在汹涌波涛中前行，旁边有两句题词是："秋雨秋风天欲黑，张帆暗送浙江潮。"1910 年 2 月该报停刊。

　　由林獬（林白水）创办并主编的《中国白话报》，1903 年 12 月在上海创刊，始为半月刊，第 13 期以后改为旬刊，1904 年 10 月停刊。该报有论说、历史、地理、传记、新闻等栏目。在论说栏中，评古论今，抨击清朝统治，提倡资产阶级民主，大声呼吁"如今我们这中国，你若不去救他，再没有人去救他了"。在地理、历史栏中，介绍祖国的江河山川和丰厚的宝藏；用白话文记叙清朝入关后残酷屠杀民众的《扬州十日记》，叙述评介陈涉、张良、文天祥、郑成功等民族英雄。在小说、戏曲栏中，刊登小说《玫瑰花》、《娘子军》，剧本《博浪椎》、《康茂才从军》等，激发人们的民族主义和爱国思想。

　　由陈仲甫（陈独秀）主编的《安徽俗话报》，

1904 年 1 月在安庆创刊，后迁芜湖，为半月刊。该刊设有论说、诗词、小说、历史、地理、实业等栏目，发表过《亡国论》、《说爱国》等宣传资产阶级民主反对封建专制的文章。因言论激烈，1905 年秋，被查封。

这一时期，留日学生在日本创办了《开智录》、《译书汇编》、《国民报》、《游学译编》、《湖北学生界》、《江苏》、《浙江潮》、《直说》等多种报刊。这些报刊介绍、歌颂中华民族的历史、文化；介绍、赞美地大物博的祖国及雄伟壮丽的河山；介绍、评述亚非一些国家被帝国主义列强压迫、侵略的历史与现状；鼓吹尚武精神，批判顺民思想和奴隶主义。

在南洋、美洲等地，华侨创办了《檀山新报》、《图南日报》、《大同日报》、《仰光新报》等报刊。

这期间，引起轩然大波的，还是《苏报》和"苏报案"。

4 "苏报案"——清政府对革命派舆论的高压、摧残

《苏报》创刊于 1896 年 6 月，由胡璋的日籍妻子任负责人，在上海的日本总领事馆注册，托名日商报纸。格调不高，连年折本，于戊戌政变后转售给陈范。

陈范，湖南衡山人，曾任江西铅山县知县，因办教案被削职。陈范接管《苏报》后，曾一度提倡以清议救天下，附和康梁等改良派的主张。

1902 年以后，革命派掀起反清爱国的高潮。《苏

报》积极支持上海学生的正义斗争，撤掉"谕旨"、"宫门抄"等栏目，特辟"学界风潮"一栏，报道国内外学生的爱国运动，并与蔡元培发起的中国教育会和进步学生组织的爱国学社密切合作，请他们为《苏报》撰稿。报纸上出现了"二十世纪新中国之主人翁，而俯首就范于亡国家奴之下，大耻奇辱，孰过于斯"和"驱除满族，光复中国"的字样。

1903 年 5 月 27 日，陈范正式聘请爱国学社的章士钊担任《苏报》主笔。《苏报》的革命色彩更加浓烈，仅 6 月这一个月，就刊发了《哀哉无国之民》、《祝北京大学堂学生》、《读严拿留学生密谕有愤》、《满洲警察学生之历史》、《驳革命驳议》、《呜呼保皇党》、《敬告国民议政会诸君》等文章，章士钊还亲自撰写了《释仇满》、《汉奸辨》、《论中国当道者皆革命党》、《读革命军》等文章。这些文章赞扬海内外学生的爱国热情，揭露封建统治者"将我兄弟亲戚之身家性命财产双手奉献于碧眼紫髯之膝下"的丑恶嘴脸；鼓动学生"诸君胆壮，那拉氏不足畏，满洲人不足畏，政府不足畏，莫被政府威吓而敛其动，莫惜诸君之自由血，而失全国人之希望"。这使清政府老羞成怒。而对邹容《革命军》的赞扬与介绍，则直接导致了"苏报案"的发生。

邹容（1885～1905），原名绍陶，字蔚丹，四川巴县人。生于富商之家。12 岁时参加县童生考试，因不满考题晦涩毅然退场，并对父亲说："臭八股，儿不愿学；满场，儿不爱入；衰世科名得之又有何用！"1902

年赴东京留学，深受同学爱国思想的熏陶和西方资产阶级政治经济理论的影响，积极参加留日学生的革命活动。1903 年，参加留日学生的拒俄运动，愤然剪掉清政府驻日陆军监督姚文甫的辫子。这一年 4 月回国后，为揭露腐败专制的清政府，唤醒人们起来革命，奋笔疾书，很快写就 2 万言的《革命军》，自序署名"革命军中马前卒邹容"，全书有绪论、革命之原因、革命之教育、革命必剖清人种、革命必先去奴隶之根性、革命独立之大义与结论共 7 章，由上海大同书局印行。

邹容在书中谈古论今，并援引英国、美国、法国的资产阶级革命，来论证在中国同样需要这样的革命：

> 革命者，天演之公例也；革命者，世界之公例也；革命者，世界之公理也；革命者，争存争亡过渡时代之要义也；革命者，顺乎天而应乎人者也；革命者，去腐败而存良善者也；革命者，由野蛮而进文明者也；革命者，除奴隶而为主人者也。

《革命军》热情宣传资产阶级民主革命，激烈抨击清朝封建统治，倾注了邹容的满腔热血。"绪论"中有这样一段：

> 吾于是沿万里长城，登昆仑，游扬子江上下，溯黄河，竖独立之旗，撞自由之钟，呼天

呼地，破颡裂喉以鸣于我同胞前曰：呜呼！我中国今日不可不革命；我中国今日欲脱满洲人之羁缚，不可不革命；我中国欲独立，不可不革命；我中国欲与世界列强并雄，不可不革命；我中国欲长存于二十世纪新世界上，不可不革命；我中国欲为地球上名国，地球上主人翁，不可不革命。革命哉！革命哉！我同胞中老年、中年、壮年、少年、幼年，无量男女，其有言革命而实行革命乎，我同胞其必相存相养相生活于革命也。

《革命军》一出版，立刻引起社会各界极大反响，人们争相购阅，不到一月，几千册存书全部售出。

1903 年 5 月，《苏报》转载了邹容的《革命军自序》。6 月 9 日，《苏报》在"新书介绍"栏目中，发表了章太炎的《介绍〈革命军〉》，文章说：《革命军》"其宗旨专在驱除满清，光复中国。笔极锐利，文极沉痛，稍有种族思想者，读之当无不拔剑起舞，发冲眉竖。若能以此书普及于四万万人之脑海，中国当兴勃焉"。同日，《苏报》还刊出章士钊的以"爱读革命军者"为笔名的《读革命军》，赞誉《革命军》是"今日国民教育之第一教科书"。

6 月 10 日，《苏报》发表章太炎的《革命军序》。6 月 29 日，又发表章太炎的《康有为与觉罗君（清帝姓爱新觉罗）之关系》，批驳康有为的保皇派观点，轻蔑地嘲骂光绪帝"载湉小丑，不辨菽麦"。

　　《苏报》的鲜明立场引起清政府的恐惧与嫉恨。6月26日，两江总督魏光焘派候补道俞明震到上海，与上海道袁树勋密谋制裁《苏报》事。6月29日，工部局警探闯入苏报馆，指名拘捕章太炎、邹容、陈范等，适逢章等不在。6月30日，中西警探包围了苏报馆和爱国学社，章太炎镇静地说："余人皆不在，要拿章炳麟，就是我。"警探在两地抓走章太炎、陈仲彝、程吉甫、钱允生、龙积之5人。邹容听说章太炎被捕，不愿置身事外，乃于7月1日自动到巡捕房投案。7月7日，苏报馆被查封。

　　在英帝国主义的干涉、坚持下，此案交由租界法庭审理。清政府充当原告，《苏报》为被告。从7月15日始，经过7次庭讯，12月24日判决章太炎、邹容永远监禁，陈仲彝等4人获释。由于各界舆论的强烈反对，租界法庭于1904年5月21日重新判决：章太炎监禁3年，邹容2年；《苏报》"永远停刊"。

　　章太炎和邹容在狱中受尽折磨，仍关心时事，相互勉励。章太炎写的《狱中赠邹容》一诗颇有豪气，诗曰："邹容吾小弟，披发下瀛洲。快剪刀除辫，干牛肉作糇。英雄一入狱，天地亦悲秋。临命须掺手，乾坤只两头。"邹容在章太炎鼓舞下，亦作《涂山》一首："苍崖坠石连云走，药叉带荔修罗吼。辛壬癸卯今何有，且向东门牵黄狗。"章太炎赞赏之余，和诗一首："斗如蓬葆犹遭购，足有旋轮来善驰。天为老夫留后劲，吾家小弟始能诗。"当沈荩在京遇害的消息传来，章太炎悲痛万分，乃作《狱中闻沈禹希见杀》诗一首："不见沈生久，江湖知隐沦。萧萧悲壮士，今在易京门。螭魅羞争焰，文章总断魂。中阴当待我，南北几新坟！"

狱卒的残酷虐待，使章太炎决心绝食而死，以示不屈，他与邹容联句写绝命词三首：

> 击石何须博浪椎（邹），
>
> 群儿甘自作湘垒，
>
> 要离祠墓今何在（章），
>
> 愿借先生土一抔（邹）。
>
> 平生御寇御风志（邹），
>
> 近死之心不复阳（章）。
>
> 愿力能生千猛士（邹），
>
> 补牢未必恨亡羊（章）。
>
> 句东前辈张玄著，
>
> 天盖遗民吕晦公。
>
> 兵解神仙儒发冢，
>
> 我来地水火风空（章）。

章太炎绝食 7 天不死，经难友相劝复食。邹容则在迫害折磨中身体愈加虚弱，于 1905 年 4 月 3 日在狱中病逝，年仅 20 岁。

清政府的倒行逆施，只能促进人民的反抗，激发正义的呼声。以同盟会机关报《民报》为首的海内外资产阶级革命派报刊的创办发行，为推翻清王朝统治敲响了丧钟。

《民报》与海外革命派报刊

1905 年 8 月，孙中山领导的兴中会与其他革命团体，在日本东京联合组成中国革命同盟会。

此前，留日学生曾在东京创办《二十世纪之支那》，由宋教仁、程家柽、田桐、陈天华等主编，1905 年 6 月出版了第 1 期。

在 8 月 20 日同盟会成立大会上，黄兴提议把《二十世纪之支那》改为同盟会机关报，获一致赞成。8 月 27 日，《二十世纪之支那》第 2 期刊出蔡汇东《日本政客之经营中国谈》一文，揭露日本侵占我国辽东半岛之野心，日本官方十分恼怒，准备查禁。9 月 3 日，该杂志的印刷设备移交同盟会，原名称不便再用，经商议后改名《民报》，于 11 月 26 日创刊。

《民报》先后由胡汉民、章太炎、汪精卫主编，章、胡、汪与陈天华、汪东、朱执信、廖仲恺、宋教仁、刘师培、黄侃等为主要撰稿人。

《民报》初为月刊，后因经常脱期，改为不定期期刊，共出 26 期，1910 年 2 月停刊。《民报》以政论文章为主，有论说、时评、译丛、谈丛、纪事、撰录等栏，还有图画，每期 6 万～8 万字。

主编《民报》时间最长的是章太炎。他因"苏报案"在上海服刑至 1906 年 6 月，出狱后被同盟会特派代表接到日本东京，参加并主持《民报》工作。他为该刊撰稿 58 篇，成为该刊主要的政论作者之一。这期间，他在《民报》上发表的《演说录》、《革命之道德》、《中华民国解》、《排满平议》、《复吴敬恒书》、《再复吴敬恒书》等文章，宣传反帝反清，赞颂农民起义，鞭挞革命队伍中的叛徒，在当时很有影响。鲁迅看《民报》，读了章太炎与保皇派论战的文章，认为"所向披靡，令人神往"。

另外，陈天华、胡汉民、汪精卫、朱执信、廖仲恺、宋教仁等也为《民报》撰写过多篇富有战斗性的政论文章。陈天华在创刊号上写了7篇文章，两周后，他为抗议日本当局颁布取缔留学生规则及对中国留学生的诋毁，在日本投海自杀。《民报》发表了陈天华的《绝命书》和他的遗像，还连载了他写的小说《狮子吼》。

孙中山十分关注《民报》的编辑、出版工作。他为《民报》撰写过3篇文章。在《民报发刊词》中，孙中山第一次提出了民族主义、民权主义、民生主义的政治纲领。《民报》旨在宣传同盟会的纲领和主张，人们把《本社简章》第一条的"颠覆现今之恶劣政府"、"建设共和政体"、"维持世界真正之平和"、"土地国有"、"主张中国日本两国之国民的联合"、"要求世界列国赞成中国之革新事业"列为"民报之六大主义"。

对民族主义的宣传，《民报》所发文章甚多，特别是第10期孙中山的《在民报纪元节庆祝大会上的演说辞》，既论证了民族革命与政治、社会革命的关系，又批判了狭隘的种族复仇主义思想。孙中山指出："假如我们实行革命的时候，那满洲人不来阻害，我们绝无寻仇之理。他当初灭汉族的时候，攻城破了还要大杀十日才肯封刀，这不是人类所为，我们决不如此。"

对民权主义，孙中山、陈天华、朱执信、章太炎等都在《民报》上发表过文章。他们呼吁民众推翻清王朝，建立"平等自由"的资产阶级民主共和国。

对民生主义，则有孙中山、朱执信、刘师培、冯自由、廖仲恺等人的文章和译文。

《民报》注重对各国历史、革命运动和经典学说的宣传、报道，曾介绍法国资产阶级革命，俄国资产阶级革命，印度人民的抗英斗争。介绍埃里亚、苏格拉底、柏拉图、亚里士多德、康德、黑格尔、叔本华、尼采、培根、达尔文、赫胥黎等西方著名思想家、哲学家、社会学家、经济学家的学说和代表著作。在该刊第2期上，朱执信的《德意志社会革命家小传》，比较系统地介绍了马克思、恩格斯的生平和著作，其中有关《共产党宣言》的摘译，是中国最早的译文。

《民报》受到海内外各界的好评，尤其受到倾向资产阶级革命的中下层知识分子的欢迎。受它的影响，海外资产阶级革命派也纷纷创办报刊，鼓吹革命。仅在日本东京，即有《醒狮》、《新译界》、《晨钟》、《复报》、《鹃声》、《云南》、《洞庭波》、《革命军报》、《豫报》、《汉风》、《汉帜》、《秦陇》、《晋乘》、《四川》、《粤西》、《河南》、《大江月报》、《关陇》、《国报》、《夏声》、《江西》、《滇话报》、《湘路警钟》等近30种报刊。其中以《复报》、《云南》、《四川》、

《河南》、《夏声》影响较大。

由柳亚子主编的《复报》月刊，1906 年 5 月在东京创办。其不同于其他报刊之处，是在中国江苏吴江编好后寄往日本东京印刷出版。田桐、高天梅、陈去病等任该刊编辑并撰稿。《复报》文字较为浅显，多用白话文。该刊第五期曾刊发以行文古奥费解知名的章太炎的白话文作品《逐满歌》：

> 莫打鼓，莫打锣，听我唱这《逐满歌》。如今皇帝非汉人，满洲鞑子老猢狲。他的老祖努尔哈，带领兵丁到我家，后来篡逆称皇帝，天命天聪放狗屁！……

1907 年夏，《复报》出到第 11 期后停刊。

《云南》月刊，1906 年 10 月创刊于日本东京，李根源、吴琨、张耀曾等主持和任主要编辑。中间曾两次被迫停刊，继而复刊，1911 年武昌起义后终刊，共出 23 期，是发行时间最长，发行数字较高（低于《民报》）的一份革命派刊物。该刊设有论著、译述、时评、传记、小说、调查、大事月表、图画等栏目，及时报道国内重要消息，特别是革命党人活动的消息，报道了 130 条之多。云南地处西南边陲，因此《云南》杂志用大量篇幅揭露、评述英法帝国主义侵略云南的情况。如第五期登载署名侠少的文章《论国民保存国土之法》，正告英法列强和卖国的清朝统治者：

夫中国之土地，我中国四万万人民之所有也。云南之土地，我云南一千数百万人民之所有也。非他人所得而有之，既非他人所得而盗卖之，更非他人所得而估买之，强借之也。盖我之土地所有权，因神圣不可侵犯。非我中国国民被杀尽死尽，我中国全土沉没于太平洋底之一日，则中国之一沙一石一草一木，皆我中国国民为之主人翁……他人有盗卖之者，是民贼也。有估买及强租之者，是国仇也。……我国民宜竭全体之力以抵抗之，除去之。

凛然正义之声，跃然纸上。

由吴玉章、雷铁崖、邓絜主持编辑的《四川》月刊，1908年1月在东京创刊，仅出版四期，即被日本当局借口有"反对天皇"嫌疑而勒令停刊。吴玉章后来回忆道：

在1907年末，《四川》即以其鲜明的革命姿态与世人见面了。它一出世，即受到人们热烈的欢迎，销路很广，每期出版后不久都又再版发行。《四川》的特点是：对外坚决反对帝国主义；对内坚决反对清朝反动统治，主张革命……通观全部内容，反对英帝国主义侵略我国西藏，反对英、法帝国主义侵略我国云南，反对日本帝国主义侵略朝鲜和我国东北的文章即占了很大的分量；而揭露清朝反动政府卖国残民的罪恶，鼓励人民起来争取铁路主权，进行革命斗争的文章又占了很大的分量；此外，即使是诗词小品，也大都是沉痛的忧时爱国之声，而绝少无聊的吟风弄月之作。

这一时期，在东南亚（时称南洋），南北美洲和大洋洲，当地华侨也创办了一些报刊，与在日本东京的《民报》等报刊遥相呼应。

在新加坡，革命派报刊有《南洋总汇报》、《中兴日报》、《星洲晨报》、《南侨日报》等。其中《南洋总汇报》由于主持人物的变动，转为亲保皇派的报纸。

在马来亚，有《槟城新报》、《吉隆坡日报》、《光华日报》。后者成为资产阶级革命党人在南洋地区的主要宣传阵地。

在印尼，有《泗滨日报》、《民铎报》、《苏门答腊报》、《华铎报》等。

在泰国，有《华暹日报》和《同侨报》。

在缅甸，有《光华日报》、《进化报》、《全缅公报》。

在菲律宾，有同盟会菲律宾分会的机关报《公理报》。

在檀香山，革命派报刊有《民生日报》、《自由新报》、《大声杂志》、《启智报》。

在美国，有旧金山的《少年中国晨报》。

在加拿大，有《华英日报》、《大汉报》、《新民国晨报》等。

在秘鲁，有《民醒报》。

在澳大利亚，有《警东新报》、《民国报》。

清朝政府在中国内部压制、封锁反帝反清舆论，迫使资产阶级革命派报刊在海外求得发展，以促进鼓励国内革命派的活动。海外报刊是辛亥革命的重要宣传力量。

6 不可避免的一场大论战

资产阶级革命派要推翻清王朝，资产阶级改良派要保护、"改良"清王朝。随着革命派报刊的增加，两派的舆论交锋便日趋激烈，终于形成革命派报刊和改良派报刊的一场大论战。

《民报》一创刊，就旗帜鲜明地刊载批评康有为、梁启超的文章，康、梁亦不示弱，立即在《新民丛报》撰文应战，梁启超发表《开明专制论》与《申论种族革命与政治革命之得失》两文，宣扬君主立宪，反对推翻帝制。

1906 年 4 月《民报》第 3 期上，发表了汪精卫的长篇论文《希望满洲立宪者曷听诸》，批驳梁启超的观点。同期《民报》还特发《民报与新民丛报辩驳之纲领》，列出双方辩论的 12 个问题。由此展开了以《民报》为主和以《新民丛报》为首的两派报刊的论战。

1906 年 4 月至 1907 年 10 月，《民报》发表汪精卫、朱执信、汪东、胡汉民、章太炎等二三十篇文章。《新民丛报》发表梁启超等的十余篇文章。双方围绕民族革命、民主革命、社会民生、土地国有和革命是否会引起内乱与帝国主义干涉等问题展开论战。

《新民丛报》认为：反满是节外生枝，满人早已同化于汉人，满汉间不存在矛盾，因而反对民族革命。《民报》指出：满清王朝对汉族及其他少数民族的侵略、压迫，有目共睹，必须推翻腐朽、卖国的清朝政府。《新民丛报》认为，在中国不能实行资产阶级民主革命，因为大众教育程度低，只能适当搞点改良，实行"君主立宪"。《民报》则坚决反对改良，主张用革命手段推翻清朝政府，建立资产阶级民主共和国，并揭露改良派所鼓吹的"立宪"，不过是对人民的欺骗和麻痹，旨在巩固其封建君主政体。《新民丛报》认为国家政治问题与社会民生问题不宜同时解决，否认中国社会存在贫富不均的现象，因此不能稍许触动封建土地所有制。《民报》则列举大量事实，批驳改良派观点，指出中国社会存在较为严重的贫富不均的现象，社会革命和政治革命只能并行，实行平均地权和土地国有，才能发展生产，逐步解决社会民生问题。《新民丛报》反对革命，说革命的结果会形成内乱，引起帝国主义的干涉和进一步对中国的瓜分、侵略，并危言耸听地说："今日昌言起革命军者，其结果，小之则自取灭亡，大之则灭亡中国。"《民报》认为，资产阶级民族、民主革命的目的不是为了争夺帝位，而是要建立一个资产阶级共和国，革命虽然要流血牺牲，要杀人，但有秩序的革命完全可以防止内乱，并不妨碍各国的在华利益。

几个回合，梁启超等感到难以招架，急忙写信求助别人"调和"。先是 1906 年 7 月，徐佛苏以佛公笔名在《新民丛报》上发表《劝告停止驳论意见书》，希望双方的论战告一段落。接着，1907 年 1 月，徐应奎受梁启超之托找到宋教仁，希望两报调和，结束论战。

在《民报》穷追猛打的攻势下，《新民丛报》勉强维持到 1907 年 8 月，出过第 96 期后，宣布停刊。

同时，在香港和海外各地，资产阶级革命派和改良派的报刊也展开了论战。香港的革命派报刊《中国日报》和改良派的《香港商报》；新加坡的革命派报刊《中兴日报》和改良派的《南洋总汇报》；泰国的革命派报刊《华暹日报》和改良派的《启南日报》；美国旧金山的革命派报刊《大同日报》和改良派的《文兴报》；加拿大温哥华的革命派报刊《华英日报》和改良派的《日新报》等，论战都十分激烈。最后，革命派报刊取得胜利，资产阶级民主革命的思想深入人心。

7 近代妇女报刊与科技期刊

随着中国近代报刊业的发展和反清反帝思想宣传的日益普及，中国妇女界已经不满足于仅仅在男人创办的报刊上寻找和发表妇女解放的文章。一些日本留学生和爱国团体成员成为创办妇女报刊的先锋，如裘毓芳、陈撷芬、丁初我、燕斌、陈志群、秋瑾、唐群英，等等，都是中国早期妇女报刊的主编和记者。

中国近代最早由妇女主持刊物，是裘毓芳于 1898

年5月创办的《无锡白话报》。到辛亥革命失败，计有《女学报》（旬刊）、《女学报》（报纸）、《岭南女学新报》、《女界钟》、《女子世界》、《妇孺报》、《白话》、《女子魂》、《女学讲义》、《女界灯学报》、《北京女报》、《女镜报》、《中日女学报》、《中国女报》、《中国新女界杂志》、《中国妇人小杂志》、《天义报》、《神州女报》、《二十世纪之中国女子》、《天足会报》、《天足月报》、《天足会年报》、《新女子世界》、《女论》、《女报》、《女界星期录》、《女学生》、《留日女学生杂志》、《妇女时报》、《女权》、《女铎报》、《女子共和日报》、《女子同学报》等三十几种妇女报刊问世。

　　由薛绍徽、康同薇、裘毓芳、潘璇等担任主笔的《女学报》旬刊，1898年7月24日创办于上海，为上海中国女学会会刊和中国女学堂校刊，这是中国第一个由妇女任主笔、以妇女为对象的期刊。该刊第2期《上海女学报缘起》写道："这女学会、女学堂、女学报三桩事情，好比一株果树，女学会是个根本，女学生堂是个果子，女学报是个叶，是朵花。"《女学报》提倡女学，提倡男女平等，主张婚姻自由，并提出妇女参政的要求。潘璇在该刊第3期上发表《论女学报难处和中外女子相助的理法》，认为"从来没有我们本地女子设立报的。故此不独他们男子和外国人，看为希奇，即我们自己岂不觉得新奇，直把戒外言内言的这块大招牌，这堵旧围墙，竟冲破打通了，堂堂皇皇的讲论女学。女主笔岂不是中国古来所未有的呢，我们现在竟直言不讳，亦畅快极了"。

1899 年，陈撷芬在上海创办了《女报》，不久即停刊。1902 年陈撷芬创办《女学报》，自任主笔。该报设论说、演说、新闻、女界近史、译件、尺素等栏目。陈撷芬是《苏报》接办人陈范之女，曾留学日本，思想激进，和秋瑾谈论中国妇女受压迫事，慷慨激昂。她在《女学报》上大声疾呼，追求妇女解放，提倡婚姻自由，著有《独立篇》等多篇文章。她在该报第 2 期的《尽力》一文中指出："中国为什么不强？因为没有人材。为什么没有人材？因为女学不兴……要是我们两万万人，尽力要兴女学，岂有兴不起来的理。"1903 年 7 月，《苏报》被清政府查封，《女学报》亦停刊，陈撷芬随父亲去了日本。

在这一时期的诸多妇女报刊中，影响较大的革命派报刊，当属《女子世界》、《中国女报》和《神州女报》。

由丁初我任前期主编、陈志群任后期主编的《女子世界》杂志，共出版 18 期，是辛亥革命时期历史最长的一份妇女刊物。设有社说、演坛、科学、实业、教育、史传、译林等栏目，它以激烈的文辞，声讨清朝对中国妇女的摧残，鼓吹"政治"、"家庭"的革命，其《女子家庭革命说》、《争约之警告》、《女界革命》、《女权说》、《为民族流血无名之女杰传》、《革命与女权》等文章颇受女界注意，秋瑾亦十分赞赏这个杂志的风格。该刊第二年第六期《慈悲慈悲》一文，同情为生活所迫陷入苦境的妓女：她们"辱骂出其前，鞭笞随其后，盐浸酒渍，痛彻心髓，炮烙囊抓，暗无天日，甚或至体无完肤，泣不成声，犹迫令强作欢颜，趋承游客。试问十数龄盈盈弱质，何堪此种种酷刑"。该刊还以读新书，爱体育，反缠足等号召中国妇女自爱自重自立。

1907 年 1 月在上海创刊的《中国女报》，由秋瑾主编。

秋瑾（1875～1907），字璇卿，号竞雄，又称鉴湖女侠，浙江绍兴人，出身于小官僚地主家庭。1904 年她毅然冲破封建家庭束缚，只身赴日本留学，在日本加入三合会。后创办《白话》杂志，与陈撷芬组织共爱会。1905 年回国在上海加入光复会，同年再赴日本加入同盟会。1906 年回国后创办《中国女报》，并筹划反清起义。1907 年夏被清政府抓捕，7 月 15 日在绍兴轩亭口英勇就义。

秋瑾是中国近代史上杰出的女革命家，也是一位杰出的女报人、卓越的革命宣传家。1904 年 8 月 15 日秋瑾在日本东京创办《白话》杂志，共出版了 6 期。秋瑾发表了《敬告中国二万万女同胞》、《警告我同胞》等文章，提倡女学，宣传反清思想。该刊第 1 期刊载了题为《日人胜俄占领我土》的评论，尖锐指出："俄国人虽然打仗，只得死人，却不失地；可怜我中国，没头没脑的赔死了多少人，白失了多少地，反说我中立无事，敬贺日本，以为是东亚的荣耀！岂不避了一个大老虎，来就小狼么？大老虎吃人的，小狼就不吃人么？你道危不可危。奉劝大家不要前门避虎，后门就狼呵！"

《中国女报》为月刊，设有论说、演坛、译编、传记、小说、新闻等栏目。除了秋瑾，还有陈伯平、徐双韵、吕碧城、燕斌、陈志群等参加编辑、撰稿。该刊旨在"开通风气，提倡女学，联感情，结团体，并为他日创设中国妇人协会之基础"。在第 1 期上，秋瑾写下充满爱国情怀的诗歌《感时》：

> 瓜分惨祸依眉睫，呼告徒劳费齿牙。
>
> 祖国陆沉人有责，天涯飘泊我无家。

秋瑾还在第 1 期上撰写《敬告姊妹们》一文，以朴实、明白的语言诉说中国妇女的近况，其中有一段写道：

> 我的最亲爱的诸位姊姊妹妹呀……二万万的男子，是入了文明新世界，我的二万万女同胞，还依然黑暗沉沦在十八层地狱，一层也不想爬上来。足儿缠得小小的，头儿梳得光光的；花儿、朵儿，扎的、镶的，戴着；绸儿、缎儿、滚的、盘的，穿着；粉儿白白，脂儿红红的搽抹着。一生只晓得依傍男子，穿的，吃的全靠着男子。身儿是柔柔顺顺的媚着，气虐儿是闷闷的受着，泪珠是常常的滴着，生活儿是巴巴结结的做着：一世的囚徒，半生的牛马。试问诸位姊妹，为人一世，曾受着些自由自在的幸福未曾呢？

　　秋瑾在《中国女报》上还发表了《勉女权歌》、《精卫石》等政论、文学作品，编译了《看护学教程》。其中章回体长篇弹词《精卫石》以作者本人的一些往事作为素材，描写中国妇女为反对封建婚姻，离家出走，赴日留学，参加民主革命的事迹。在这部作品中，秋瑾借弹词中人物之口，抨击清政府，斥责保皇党，进行资产阶级民主革命的宣传。《精卫石》本来预定写 20 回，因筹划起义和不幸被捕而未能完稿。

　　1907 年 11 月，陈志群将《女子世界》与《中国女报》合并，创办了《神州女报》。为纪念秋瑾，《神州女报》不顾清政府的压力，刊出《神州女界新伟人秋瑾传》，并重新发表秋瑾的《演说的好处》、《创办中国女报之草章及意旨广告》、《致湖南第一女学堂书》诸文，还首次刊载秋瑾和《女子世界》记者的十几封信件。《神州女报》只出了两期，便被迫停刊。

　　这一时期，还涌现出不少关心时事、倾向革命的女编辑，女记者，如胡彬夏、林宗素、何震、刘博鸿和著名妇女活动家何香凝等。注重妇女启蒙教育、政治上倾向改良的《北京女报》、《女镜报》等，当时亦颇有影响。

　　19 世纪末 20 世纪初，随着中国民族资本主义的发展，随着各种中外报刊对各国先进科学技术的广泛介绍与宣传，人们学习和引进外国先进技术的呼声日高，科技期刊也应运而生。其中又以农业方面的科技刊物居多。

　　仅在 1897 年创刊的科技期刊即有《通学报》、《农学报》、《算学报》、《经世报》、《实学报》、《新学报》、《求是报》等十余种。

1900 年后，各地的科技期刊更如雨后春笋。在"科学救国"、"实业救国"思潮的鼓动下，至 1919 年先后创办了《中外算学报》、《实业界》、《北直农话报》、《湖北农会报》、《理学杂志》、《学报》、《医药学报》、《农工商报》、《卫生白话报》、《广东劝业报》、《地学杂志》、《中西医学报》、《实业杂志》、《铁道》、《农林公报》、《云南实业杂志》、《中华工程师学会会报》、《电气》、《科学》、《中华医学杂志》、《观象丛报》、《清华学报》、《精神杂志》、《矿业杂志》、《农学杂志》、《江苏水利协会杂志》、《水产》、《数理杂志》、《农学月刊》等百多种期刊。这些科技期刊为中国近代科学技术的发展、推广作出了贡献。

8 辛亥革命时期的革命报刊

基于海外革命派报刊的影响，同盟会、光复会等组织在中国东南、西南各地的活动，革命派报刊在各地纷纷创办。

在上海，1905～1911 年，就有 15 种革命派报刊创刊。其中较为重要和较有影响的，是《神州日报》、《民呼日报》、《民吁日报》、《民立报》、《中国公报》、《民声丛报》和《天铎报》。在孙中山指示和支持下，《神州日报》创刊于 1907 年 4 月 2 日，由于右任、杨毓麟、汪允宗等创办、主编。

表面上，《神州日报》"沉郁委宛"，不露锋芒，实际上却饱含强烈的革命色彩。该报创刊不久，就披露了两件事：一为庆亲王奕劻收受十多万两银子贿赂，提拔段芝贵做黑龙江巡抚；二为甘督升允在陕西、甘肃横征暴敛，搜刮民财，屠杀抗捐农民，激起民变。《神州日报》连续报道这两件丑闻，并指出："吾今试求其原，盖专制政体实便于贿赂，苟欲改革，无殊与虎谋皮。"该报创刊第二天，就揭露清政府"以宪政之浮文，蒙专制之实体"的预备立宪的虚伪性。秋瑾遇害后，汪允宗在报上撰文抨击刽子手绍兴知府贵福"嗜杀仇新"，实为"国人之蟊贼"。

1909 年 4 月 22 日，印度巡捕在上海强奸妇女，事发后上海各报只简要登载了这一新闻。《神州日报》则详细地揭露报道了这一犯罪事实。公共租界反控告《神州日报》负责人汪彭年，说该报载文攻击印度巡捕，有"这作恶多端之污秽印奴，应逐出上海，凡我华人皆不雇用这印奴"等语，加之该报刊载了辜鸿铭调查黄浦局工程处英国人舞弊的文章，引起工部局英国人的忌恨，工部局乃强立罪名，指控该报扰乱社会秩序，侮辱印度人，将汪彭年传去扣押一天。工部局总办麦克伦又要汪彭年将工部局所写华文更正道歉书登报，该书云："印度人也是同胞，不应加以侮辱，更不应扰乱秩序，号召华人不佣印人，特为更正道歉。"汪彭年严词拒绝，经与辜鸿铭商量，请皇家律师德格来斯出庭辩护。上海各报又请英国人爱立斯律师出庭为《神州日报》辩护。

此案轰动上海，会审公堂开审时，到堂旁听者甚众。经过双方唇枪舌剑，特别是德格来斯告诉麦克伦，近半年来印度人的刑事案，已占印人在沪人数的五分之一，指出《神州日报》所说印奴，是指不好的印人，而非所有印人。"你们工部局在董事会时，曾有董事某某说过印度人在沪作恶多端，应遣之出境，此皆有案可稽。难道董事说了无罪，他人说了就犯法吗？"爱立斯认为《神州日报》代表民意斥责强奸妇女的印度人，是正当的，无可非议。经过几方合议，最后宣判："工部局麦克伦对《神州日报》所诉刑事案，理由不充足，撤销。麦克伦强迫该报登载道歉书是违法的，今与警告，下次不可。"此案终以不畏强暴的《神州日报》社胜利而告终，该报的销量也骤增至 1 万份以上。

《神州日报》还打出"有闻必录"的口号，抽出版面大量刊载各地武装起义的新闻，有时加印传单。仅 1911 年 2 月至 7 月，该报即刊发《呜呼盗贼世界》、《皖北之天灾人祸》、《北京官场之酒色财气》、《盛宣怀之贪污史》、《江南之凄风苦雨》等多篇新闻和通信。1914 年，《神州日报》刊载北京通信《辟帝谣》，揭露了袁世凯称帝野心，袁世凯令其爪牙威胁汪彭年交出报社。汪被迫交给孙钟等接办。自此该报一蹶不振，至 1927 年停刊。

《民呼日报》、《民吁日报》、《民立报》在上海有"竖三民"之称（另有"横三民"是《民国新闻》、《中华民报》和《民权报》）。

《民呼日报》创刊于 1909 年 5 月 15 日，于右任为主笔兼杜长，范鸿仙、徐血儿、吴宗慈、王无生等参加编辑撰稿工作。该报以"大声疾呼为民请命"为宗旨，矛头指向清王朝，几乎每日都刊出揭露暴政、报道民间灾荒的文章，对甘肃灾荒报道尤多，在报道各地严重灾荒，民不聊生，甚至人相食的惨状同时，揭露贪官搜刮民脂、匿灾不报的罪状。该报8月3日刊发《天时人事相逼而来矣》一文，指出："中国自有历史以来，每际历朝末运，常有两种异象交乘于一时，而后大命以去，鼎革之祸以兴，殆已为一成不易之公例。所谓两种异象者，一为秕政以失民心，一为水旱以夺民命，两者交乘，盖未有不亡。"实际上，《民呼日报》告诉人们，清王朝气数已尽，改朝换代，势在必然。

《民呼日报》还通过护卫路权矿权的问题，揭露帝国主义的侵略掠夺，批判清政府的卖国苟安。其刊载的《最近之时局观》指出："吾人为我国民今日欲保存固有之权利，不可不先破坏外人之权利，欲破坏外人之权利，尤不可不先破坏独夫民贼之权利。盖外人尚间接以亡我，而政府则直接以亡我者也。"

对于预备立宪问题，《民呼日报》称之为"阳托立宪之名，以阴施压制之实耳"。清政府对它恨之入骨，借口报社有侵吞赈款嫌疑，拘捕于右任。《民呼日报》乃于1909年8月14日停刊。

《民呼日报》被查封，于右任与朱少屏、范光启、景耀月、谈善吾等决计再办一家报纸，既然清王朝压制"民呼"，干脆不要"双眼"，改为"民吁"，于是定名为《民吁日报》，于 1909 年 10 月 3 日出版。

《民吁日报》旨在"宣达民情，鼓舞民气"。从 10 月 21 日到 11 月 19 日被查封前，该报先后发表《日工殴打学生之风潮》、《贼之头目均是日本人》、《驳日本报之僻论》、《伊藤满洲旅行之阴谋》、《伊藤流血后之满洲》、《论中国之危机》等 62 篇文章，揭露日本帝国主义的侵略野心。日本驻沪领事松冈于 11 月初找到上海道台蔡乃煌，给《民吁日报》加上"任意臆测，煽惑破坏，幸灾乐祸，有碍中日两国邦交"等罪名，要求蔡乃煌严查肃究。蔡乃煌赶紧会同上海租界当局，于 11 月 19 日查封了《民吁日报》。

《民吁日报》被查封在社会上反响强烈。19 日当天，就有人贴出揭帖抗议，以后几天又有人在报社门前贴出"吊词"，并有香港、日本读者致电清朝地方当局，要求启封，否则将诉诸"手枪、炸药"，上海当局十分恐慌，急忙为自己辩解，再次污蔑《民吁日报》"挑动中日衅隙，损碍两国邦交"。

翌年 10 月，《民立报》在上海创刊。由于右任、宋教仁、范鸿仙、景耀月、谈善吾等主持、主编，章士钊、叶楚伧、徐血儿、王无生、张季鸾、沈缦云等也参加了编辑、撰稿工作。

值得一提的是 1910 年冬从日本回国后任《民立报》主笔的宋教仁。他对政治、法律素有研究，在该报上以"渔父"、"桃源渔父"等笔名，接连发表《东亚最近二十年时局论》、《论近日政府之倒行逆施》、《近日各政党之政纲评》、《极东政局之转变》、《希望立宪党者失望矣》等政论文章，尖锐批判清政府的内外政策。如《论近日政府之倒行逆施》一文，从行政组织、外交方针、财政计划、交通政策四方面，分析清廷内政外交的昏聩与矛盾，指出清政府"以筹备宪政为借口，而行其集权专制之策略"，声言如此政府，"吾国民安可不鸣鼓而攻，以急图挽救之方也？"

1911年，《民立报》及时报道了国内的起义。革命党七十二烈士黄花岗殉难后，该报发表社论赞扬道："革命党者死党也，彼既破釜沉舟而起事，必置生死于度外，其死也行其素志也，又何足惜。"同盟会中部总会成立后，《民立报》成为该会的机关报，谭人凤、宋教仁经常在报社与各地同盟会员联系。

武昌首义后，《民立报》和其他报刊一道，大张旗鼓地宣传、报道这次起义，并发短评、社论，激励各地人民起而响应。10月21日，宋教仁曾在该报发表《最后之胜负如何》的短评，增加民众对革命起义的信心，文中说："孟轲氏之言曰，天时不如地利，地利不如人和。今以革命党与政府，较二者所遇之天时（吾以为今日虽不必信天命与运会之说，然时势与机会则确不可不信），果孰顺乎？所据之地利，果孰优乎？所得之人和，果孰多乎？"《民立报》报道及时，转载各报评论又多又有说服力，一时读者猛增，销数达二万多份。

袁世凯窃取政权后，《民立报》曾对袁妥协退让。1913年3月宋教仁被袁世凯刺杀后，该报转而揭露、声讨袁世凯。徐血儿等编写了《宋渔父》一书，受到袁氏党羽的威胁，《民立报》被迫迁往法租界续办。不久，该报再次对袁妥协，引起《民权报》、《天铎报》等报的不满，并与《民立报》展开笔战。

《民权报》、《中华民报》与《天铎报》，是当时上海反对袁世凯较为激烈的报纸。

1905 年后，湖北地区革命党人创办的报纸主要有《楚报》、《武昌白话报》、《湖北日报》、《商务日报》、《大江报》等。

由詹大悲任总编辑的《商务日报》，创刊于 1909 年 10 月，原为一份普通报纸，宛思演、詹大悲等接办后成为一份宣传革命的报纸，其编辑、发行工作，多由当时投身新军从事秘密反清活动的革命知识分子刘尧澄、蒋翊武、李六如、何海鸣等担任。1910 年夏，该报因报道湖南饥民抢米事件，被清政府勾结租界当局查封。

翌年 1 月，由胡石庵创办，詹大悲、何海鸣主编的《大江报》在汉口创刊。詹大悲是辛亥革命时期湖北地区报刊战线上的革命主将，武昌起义后，曾任湖北省议会议长、孙中山广州大本营宣传员、国民党武汉政府湖北财政厅长等职，1927 年 12 月在武汉被反动军阀枪杀。《大江报》创刊后，詹大悲和湖北革命党人筹备成立了革命团体文学社，该报遂成为文学社的机关报。

1911 年 1 月 21 日，英国巡捕在汉口无故殴毙人力车工人吴一狗，《大江报》报道评论这一惨案，并不顾清政府的无理干涉，支持汉口工人的反帝正义斗争。

　　紧接着，《大江报》连续报道清朝广州将军孚琦和凤山被刺事件，支持两湖地区的保路运动，揭发清朝湖北藩司余诚格秘借外国人钱款妄图镇压革命的罪行。该报不畏清廷，不畏列强，在两湖地区声誉日起。湖北新军更与该报联系密切，许多新军士兵积极撰稿，有的成为该报的特约记者、编辑和通讯员。至1911年夏，有新军三千多人参加了文学社。

　　是年7月26日，黄侃在《大江报》的"时评"栏发表了一篇短评《大乱者救中国之妙药也》，文曰：

　　　　中国情势，事事皆现死机，处处皆成死境，膏肓之疾，已不可为。然犹上下醉梦，不知死期之将至。长日如年，昏沉虚度。软瘫一朵，人人病夫。此时非有极大之震动，极烈之改革，唤醒四万万人之沉梦，亡国奴之官衔，行见人人欢然自戴而不自知耳。和平改革既为事理所必无，次之则无规则之大乱，予人民以深创巨痛，使至于绝地，而顿易其亡国之观念，是亦无可奈何之希望。故大乱者，实今日救中国之妙药也。呜呼！爱国之志士乎！救国之健儿乎！和平已无可望矣，国危如是，男儿死耳！好自为之，毋令黄祖呼佞而已。

　　这篇文章与何海鸣的《亡中国者和平也》一发表，清政府极为震惊，8月1日晚差数十名巡警包围了《大江报》社，逮捕了詹大悲，何海鸣闻讯后亦前往投案，

《大江报》被查封。

这一时期，省港地区的革命报刊十分活跃。广州有《群报》、《国民报》、《岭南白话杂志》、《南越报》、《平民日报》、《人权报》、《时事画报》等15家报刊。香港有《中国日报》、《世界公益报》、《有所谓报》、《日日新报》、《香港少年报》、《东方报》、《真报》、《时事画报》等十多家报刊，其中《中国日报》最有影响。

此时的《中国日报》已是同盟会香港分会的机关报，在陈少白离职后，由冯自由担任社长，后来谢英伯、卢信也主持过该报社工作。《中国日报》不仅参加了由《民报》发起的对保皇派报刊的论战，而且多次声援广东绅商发起的保卫路权、反对粤汉铁路收归官办的斗争。1906年后，该报还多次报道同盟会在江西、广东、广西的武装起义，并参加同盟会在香港、广州的多次革命活动。

这一时期，在北京、天津、河南、山西、山东、陕西、浙江、江西、安徽、广东、广西、四川等地皆有革命派报刊创办。由王用宾任总编辑的《晋阳公报》（山西），由陈独秀任主编的《安徽俗话报》（安徽），由谢逸桥、陈去病等任编辑的《中华新报》（广东），广西的《南报》、《南风报》，云南的《云南日报》，贵州的《自治学社杂志》等，在当地较有影响。

三　沉舟侧畔千帆过

1 民初报刊业的兴衰

辛亥革命的胜利，结束了中国两千多年封建皇权的专制统治，诞生了中国历史上第一个资产阶级共和国，给中国人民带来极大的喜悦和兴奋。

1912 年 3 月，南京临时政府颁布《中华民国临时约法》，明确规定人民有言论、著作、刊行及集会、结社自由，废除了清朝的各种报律。一时间，党派林立的各个政党纷纷创办报刊，向各界各行民众宣传自己的政治主张。全国各地的报刊，由十年前的 100 多种，陡增至近 500 种。新创办的报纸多数集中在北京、天津、上海、广州、武汉等地，仅北京就有 50 多种，约占 1/9。其中，资产阶级革命派报刊占的比例很大。

但是好景不长，窃取革命果实与权力的袁世凯及各地的前清旧官僚，遏制新闻自由，乃订《民国暂行报律》，多方限制新闻舆论的宣传。除了拥护袁世凯及各地官僚的报刊畅行无阻外，对较为进步，敢讲真话的报刊横加干涉，甚至封报捕人。

及至 1913 年 3 月，宋教仁在上海被袁世凯暗杀后，讨袁之声更加猛烈，上海各报刊尤为激烈。但随着讨伐袁世凯的"二次革命"的失败，各地的革命报刊备受摧残，在北京、天津、武汉、广州、长沙、成都等地，几乎查封了所有国民党办的报刊。上海的《民立报》、《民权报》、《天铎报》等因在租界内不便直接查封，袁的帮凶便采取禁止在租界以外发行的办法，迫使几报社相继停刊。《中华民报》总编辑邓家彦被捕入狱，关押半年之久。到 1913 年底，全国的报纸锐减至 139 种，是年为癸丑年，有人便把这一时期报纸遇到的灾难称为"癸丑报灾"。

拥袁或反袁一度成为报人的抉择。如首创新闻通讯文体的著名记者黄远生，民国初年曾撰写《官迷论》、《外交部之厨子》、《苦海呻吟录》等新闻通讯，讥讽、揭露军阀、官僚政客，他曾经拥戴袁世凯，并建议袁对报刊实行新闻检查。但当 1915 年袁世凯妄图恢复帝制，并欲聘黄远生做《亚细亚日报》主笔时，黄远生断然拒绝。12 月 27 日晚，黄远生在美国旧金山唐人街上，被袁世凯的打手暗害身亡。

民初报刊业的大起大落固然与袁世凯对进步报刊的摧残有关，同时也反映了在戊戌变法到辛亥革命中曾发挥重大作用的资产阶级政论报刊，已经完成了历史使命。

🌀 时代的强音——《新青年》

在正常的新闻报道、新闻舆论宣传再一次被摧残压抑之时，1915 年 9 月，《新青年》在上海创刊了。

该刊初名《青年杂志》，是综合性的文化月刊。1916 年 9 月，该刊出版第 2 卷第 1 号时改刊名《新青年》。主编陈独秀，中国共产党早期创建人之一，曾任上海《国民日日报》编辑，芜湖《安徽俗话报》主编，在东京与章士钊等创办《甲寅》月刊，进行反袁宣传。1918 年与李大钊创办《每周评论》，为提倡新文化、宣传马克思主义作出重要贡献。在第一次国内革命战争期间，执行右倾投降主义路线。1929 年 11 月被开除出党。1942 年 5 月病故于四川江津。

《新青年》一开始是一份激进的民主主义刊物。它猛烈地批判君主专制，批判封建礼教，反对封建迷信。可以说，从一开始就高擎科学与民主两面旗帜，影响进步报人和报刊，为五四运动作了有力的思想准备。

《新青年》创刊号开篇是陈独秀的《敬告青年》，他认为，"人身遵新陈代谢之道则健康，陈腐朽败之充塞细胞人身则人身死；社会遵新陈代谢之道则隆盛，陈腐朽败之分子充塞社会则社会亡"。进而指出："国人而欲脱蒙昧时代，羞为浅化之民也，则急起直追，当以科学与人权并重。"在第 1 卷第 6 期上，陈独秀发表《吾人最后之觉悟》一文，从明末一直到当时，分析国人的觉悟，并从政治的觉悟和伦理的觉悟出发，指出增强民众民主意识，反对君主专制势在必然。

面对袁世凯帝制活动失败病亡，康有为等请尊孔教，张勋复辟等事件，陈独秀在《新青年》上发表《驳康有为致总统总理书》、《宪法与孔教》、《复辟与尊孔》等文章，李大钊、吴虞也撰文抨击孔教，反对复辟。

1917 年，《新青年》编辑部随调到北京大学的陈独秀迁到北京，出版仍由上海群益书社负责。1919 年 6 月，陈独秀在北京前门外游艺场散发《北京市民宣言》传单被逮捕，获释后去上海，几个月后，《新青年》亦迁回上海。

该刊迁到北京不久，胡适在第 2 卷第 5 期上发表《文学改良刍议》，提倡白话文。紧接着陈独秀在第 6 期上发表《文学革命论》，正式提出文学革命的主张。他们认为文学作品要为广大民众所接受，努力表现新思想、新事物。该刊自 1918 年 1 月第 4 卷第 1 期起改版，文章皆用白话文，使用新式标点。

十月革命一声炮响，给中国送来了马克思列宁主义。1918 年 11 月 15 日，北京大学在天安门前举行演讲大会，李大钊在会上做了《庶民的胜利》的著名演说，接着又写出《Bolshevism（布尔什维主义）的胜利》等文章，这两篇文章发表在《新青年》第 5 卷第 5 期上。在第二篇文章中，李大钊充满激情地告诉中国人民，十月革命的胜利属于"全世界的庶民"，"是民主主义的胜利；是社会主义的胜利；是 Bolshevism 的胜利；是赤旗的胜利；是世界劳工阶级的胜利；是廿世纪新潮流的胜利"；并预言："人道的警钟响了！自由的曙光现了！试看将来的环球，必是赤旗的世界！"

《新青年》从 1919 年 1 月第 6 卷第 1 期起，成立编辑委员会，实行分期责任编辑，编委会由陈独秀、李大钊、胡适、钱玄同、高一涵、沈尹默组成。这一年5月，五四运动爆发，李大钊将他主编的第6卷第5期编成"马克思主义研究专号"，并在该期与第6期上发表《我的马克思主义观》，系统地向民众介绍了马克思的唯物史观，马克思的阶级竞争说和马克思的经济论，成为中国最早接受和传播马列主义的革命先驱。

文学巨匠、思想家鲁迅经常为《新青年》撰稿，他在1918年5月该刊第4卷第5期上用白话文发表短篇小说《狂人日记》，揭露、痛斥"吃人"的封建礼教，他还在该刊发表过《药》等文学作品和《我之节烈观》等极富批判性的文章。鲁迅的白话文，胡适的白话诗写得通俗晓畅，文风生动朴实，作品既有文学性又有现实性，在读者中颇有影响。

1918年上海有个叫陈宛珍的青年女子，丈夫病故后亦自杀身亡。上海县知事竟将此事呈报江苏省省长，请求褒扬。胡适在《新青年》上发表文章，批判这种封建节烈观，读者蓝志生责难胡文。胡适在该刊第5卷第1期上再写《贞操问题》以作答辩。在文中胡适论述了寡妇再嫁问题、烈妇殉夫问题和贞女烈女问题，他认为所谓贞操应该建立在男女平等的基础上，"男子嫖妓与妇人偷汉犯的是同等的罪恶，老爷纳妾与太太偷人犯的也是同等的罪恶"。因此，从法律的角度衡量，它"既不奖励男子的贞操，又不惩男子的不贞操，便不该单独提倡女子的贞操。以近世人道主义的眼光看来，褒扬烈妇烈女杀身殉夫，都是野蛮残忍的法律，这种法律，在今日没有存在的地位"。

从五四运动到中国共产党成立前，《新青年》宣传马克思主义、介绍十月革命和倡导中国工人运动的文章达 100 多篇。它有力地促进了全国各地 200 余家新报刊的宣传。及至该刊随陈独秀南迁上海，陈在第 7 卷第 1 期上亲撰"本志宣言"，誓与军国主义（帝国主义）、金力主义（资本主义）决裂。1920 年第三国际代表维经斯基等人到上海，和陈独秀谈到十月革命和第三国际的情况，商议筹备中国共产党成立事宜。《新青年》也出版了"劳动节纪念号"，开辟"俄罗斯研究"专栏。到该刊第 8 卷第 1 期，《新青年》成为中国共产党上海发起组的机关刊物。胡适曾努力将《新青年》迁往北京，见没有希望，便退出了编辑部。1923年 6 月该刊改为季刊，1926 年 7 月停刊。

《新青年》是中国近代报刊向现代报刊转变的最重要、最有影响的理论刊物。它为宣传新文化，介绍、宣传马克思主义，唤起广大民众的政治觉悟作出了重大贡献。它紧跟时代的脉搏，代表了这一转折时期的最强音。

✑ 风华正茂的学生报刊和四大副刊

由青年学生充任先锋的五四运动，是中国旧民主主义革命向新民主主义革命转变的标志。在五四运动中，各地青年学生表现了高度的爱国热情和追求真理、不畏强权的勇敢斗争精神。在《新青年》、《每周评论》的影响下，在五四运动的高潮中，全国各地的学生报刊纷纷创办，总数多达 400 多种左右。

在北京，1919 年 1 月，北京大学学生刊物《新潮》杂志和《国民月刊》问世。前者以政论文为主，后者以学术文艺为主。两刊都具有明显的反帝反封建倾向，受到李大钊和鲁迅的赞许。五四运动爆发后，《五七日刊》、《北京大学学生周刊》、《少年中国》等刊物先后创办，把北京地区的爱国学生运动推向高潮。

在上海、天津、南京、武汉、湖南等地，《全国学生联合会日报》、《上海学生联合会日报》、《天津学生联合会报》、《觉悟》、《少年世界》、《学生周刊》、《湘江评论》、《新湖南》等报刊创办发行。其中最有影响的是《湘江评论》和《天津学生联合会报》。

《湘江评论》于 1919 年 7 月在长沙创刊，是湖南学生联合会的机关报，由毛泽东任主编。该报模仿《每周评论》，共出版 5 期（第 5 期因遭湖南军阀张敬尧查封未能发行）。设有"西方大事述评"、"东方大事述评"、"湘江大事述评"、"放言"、"新文艺"、"特载"等栏目。评论国内大事的文章居多，且多出自毛泽东的手笔。

该报在《创刊宣言》中阐明办报宗旨："浩浩荡荡的新思潮业已奔腾澎湃于湘江两岸了！……如何承受它？如何传播它？如何研究它？如何施行它？这是我们全体湘人最切最要的大问题，即是《湘江》出世最切最要的大任务。"青年毛泽东对马克思主义和无政府主义的界限还不清楚，他是用资产阶级民主革命思想来分析阶级压迫的根源，曾寄希望于对"强权者"发起"忠告运动"。经过一段曲折历程，他很快找到了马克思主义，并把马克思主义和中国实践试着结合起来，直到取得成功。

在《湘江评论》第2、3、4期上，毛泽东发表了歌颂十月革命胜利、赞扬社会变革思潮的长篇论文《民众的大联合》，文曰：

> 俄罗斯打倒贵族，驱逐富人，劳农两界合立了委办政府，红旗军东驰西突，扫荡了多少敌人，协约国为之改容，全世界为之震动……异军特起，更有中华长城渤海之间，发生了五四运动。旌旗南向，过黄河而到长江，黄浦汉皋，屡演活剧，洞庭闽水，更起高潮。天地为之昭苏，奸邪为之辟易。

《民众的大联合》这篇文章在社会上引起极大反响，北京、上海、成都等地多家报刊发表评论和转载。

在北方的天津，五四运动的积极分子周恩来担任了1919年7月创刊的《天津学生联合会报》主编。该报除中间出过两期三日刊外，余均为日报，共出了100多期，设"主张"（即社论）、"时评"、"要闻"、"评论"、"新思潮"、"演说"等栏目，其中的"评论"和"主张"多由周恩来撰写。

创刊仅几天，济南镇守使马良在济南逮捕爱国学生，杀害"回教后援会"领袖3人，制造了"济南血案"。《天津学生联合会报》很快报道了惨案经过，周恩来以"飞飞"的笔名，于8月6日发表《黑暗势力》的时评，痛斥安福系（北洋皖系军阀的政客集团），呼吁"推倒安福系所倚仗的首领，推倒安福系所凭借的军阀，推倒安福系所请来的外力。国民自觉！国民自觉！现在就是时候了"。当天津学生联合会和北京、山东学生代表联合向北京政府请愿遭到北京政府镇压时，该报报道了事件经过，并认为："北京政府是卖国的，我们为什么不把它推翻呢？"

在《天津学生联合会报》影响下，经周恩来倡议，天津各校报刊如《南开日刊》、《醒世周报》、《师范日刊》等报刊于1919年8月9日成立了"天津学生报社联合会"，商讨共同办报的方案。9月，周恩来又倡议成立了觉悟社，翌年创办了《觉悟》月刊。

值得一提的是，一些报纸的副刊，在五四时期起到积极的作用。北京的《晨报副刊》、上海《民国日报》副刊《觉悟》、《时事新报》副刊《学灯》、北京《京报》副刊《小京报》被称为五四时期的四大副刊。

《晨报》于1919年2月宣布改组第七版，增设副刊，并请李大钊负责编辑工作，副刊增加了"自由论坛"和"译丛"等栏目，旨在介绍"新修养、新知识、新思想"。改版第一期，李大钊发表了《战后的世界潮流》一文，指出战后的世界潮流就是俄德等国的无产阶级革命蓬勃兴起，这股潮流"将来必至弥漫于全世界"。1920年10月，瞿秋白作为《晨报》特派员赴苏俄采写了大量的通讯、散文、专电，介绍、评论俄国十月革命和苏俄建国初期的情况与发展变化，分别刊登在《晨报》和《时事新报》上。该副刊采用白话文与新式标点符号，在孙伏园任主编期间，刊登了鲁迅的文学名著《阿 Q 正传》和其他支持、参与新文化运动作家的大量作品，成为推动新文化运动的重要阵地。

《民国日报》于 1916 年 6 月中旬，取消了《国民闲话》、《民国小说》这两个格调不高的副刊，创办《觉悟》副刊，由邵力子任主编，陈望道等协助编辑。该副刊旨在宣传新文化，提倡推翻旧文化、旧文学、旧制度。邵力子经常撰写时论、短评，反对军阀割据，鼓吹革命，宣传马克思主义。《觉悟》还介绍世界的新学说，发表科学、技术方面的文章，并开办专栏讨论一些问题，曾刊发施存统的《非孝》、陈望道的《教育改革》、邵力子的《妇女解放》等文章。自 1920 年 5 月起，《觉悟》扩大了篇幅，设有"评论"、"演讲"、"选录"、"译述"、"诗歌"、"通讯"等栏目，发行量也扩大了。当年与 1921 年为庆祝"五一"国际劳动节，还出版了特刊，指出中国工人阶级奋斗的目标，宣传八小时工作制。邵力子还常把《新中国》、《新人》、《学艺》、《科学》等刊物有意义的新内容在《觉悟》上转载。除邵、陈外，潘梓年、胡愈之、刘大白等也经常为《觉悟》撰稿。到五卅运动时，共产党人恽代英、邓中夏、萧楚女、杨贤江、蒋光慈等亦经常给《觉悟》写稿，发表了纪念十月革命、纪念列宁和纪念中国二七大罢工牺牲的革命烈士施洋等人的文章。此后，邵力子离沪赴广州，该报的进步性日益减弱，副刊《觉悟》至 1931 年 12 月停刊。

　　《时事新报》的副刊《学灯》创刊于 1918 年 3 月，张东荪、李石岑等曾任主编。初期创办宗旨主要是促进教育，灌输文化，曾辟有"教育小言"、"教育研究"、"教育界消息"、"学校指南"等专栏。对当时世界的各种思潮，如共产主义、社会主义、空想社会主义、无政府主义等只介绍不评论。对社会纷争也持中立态度，如对反动派造谣北京大学驱逐新派教授陈独秀、胡适等四人一事，该刊大为不平，指出"今以出版物之关系，而国立之大学教员被驱逐，则思想自由何在；学说自由何在。以堂堂一国学术精华所萃之学府，无端遭此侮辱，吾不遑为陈胡诸君惜，吾不禁为吾国学术前途危"。但对于新派的"过激"言论，该刊又甚为不满，其所发《辩论者之态度》一文，一面批评旧派林琴南"佻薄"，同时批评新派钱玄同等亦"佻薄，实足以自作敌派反唇相稽之榜样也"。1921 年 7 月，郑振铎、宗白华负责编辑《学灯》副刊，设"文学研究"、"哲学研究"、"小说"、"科学常识"、"社会主义研究"等专栏。不久，"社会主义研究"栏从《学灯》版分出，变为独立的旬刊，这一时期的《学灯》在学术界、教育界影响较大，很受读者欢迎。

　　1918 年秋由邵飘萍主办的《京报》在北京创办。其《创刊词》明确指出："必使政府听命于正当民意之前，是即本报之所为作也。"该报副刊《小京报》设有戏剧、诗文、小说等栏目，还经常刊载短小精练的短评，讽刺、批评北洋军阀。五四运动期间，《京报》揭露曹汝霖、陆宗舆、章宗祥的卖国罪行，报社一度被查封。后期《京报副刊》创刊于1924年12月，由孙伏园主编，1926年4月停刊。该刊曾发表鲁迅译作40余篇及杂文多篇。

4 早期工人报刊与共青团报刊

伴随着中国共产党的酝酿、成立，为中国工人呐喊的报刊开始在中国大地上发行。

第一家工人刊物《劳动界》周刊，由上海共产主义小组创办，1920年8月在上海创刊。主编陈独秀，李汉俊、沈玄庐、吴芳等担任编辑，出版二十几期，1921年春停刊。《劳动界》发刊词《为什么要印这个报？》说："我们印这个报，就是要教我们中国工人晓得他们应该晓得的事情。"如劳动的价值、资本家致富的秘密、历史发展规律、工人阶级的使命，对广大工人宣传、讲解历史唯物主义的基本原理。陈独秀在第1期上发表《两个工人的疑问》一文，深入浅出地说明工人阶级是创造社会物质文明发展的动力。

《劳动者》周刊，由北京共产主义小组创办于1920年11月，陈德荣、邓中夏、罗章龙先后任主编，出至第6期被军阀政府查封。该刊第一期报道了唐山煤矿瓦斯爆炸，工人遇难的惨剧，大字标题"矿局年利八倍于资本，然而工人一命只值六十元"、"几十分钟内死工人五六百"，揭露帝国主义的资本家残酷剥削煤矿工人的罪行。同年12月，南京发生机织工人暴动事件，该刊亦及时报道并支持南京工人的斗争。

1920 年 10 月创刊于广州的《劳动者》周刊，是由广东共产主义小组创办的。该刊明确提出"由平民振起，由农民劳动者的组合，把一切政治机关推翻，把一切金钱组织推倒，实行共产主义"的主张，高度赞扬和评价劳动人民在历史上的作用。

1921 年 8 月，中国共产党在上海成立了中国劳动组合书记部，这是党领导工人运动的公开机关，紧接着北京、济南、广州、长沙、武汉建立了分部。中国劳动组合书记部刚一成立，就编辑、出版了机关报《劳动周刊》。该报由张国焘、李震瀛、李启汉先后任主编，共出 41 期。该报每周六出版，发刊词说："我们的周刊不是营业的性质，是专门本着中国劳动组合书记部的宗旨为劳动者说话，并鼓吹劳动组合主义。"该报揭露资本家对工人的残酷剥削，报道工人的贫困生活，指导工人建立各级工会组织。1922 年 5 月，该报报道了上海部分工厂工人为争取"八小时工作制"而进行的斗争，引起上海反动当局的恐慌，6 月 1 日，上海公共租界工部局以该报发表文章"可能引起骚乱及破坏治安"为由，逮捕了主编李启汉，6 月 9 日查封了《劳动周刊》。

在北京，中共北方区委和中国劳动组合书记部北方分部以工人周刊社名义创办的《工人周刊》于 1921 年创办，1926 年被军阀政府查封，约出 150 期以上，先后在北京、郑州、天津编辑发行。前期由罗章龙主编，李大钊、宋天放、高君宇、何孟雄、罗章龙为主要编委。中期由吴汝铭主编。后期由李菩元主编。该报设有"评论"、"工人谈话"、"工人之声"、"工人常识"、"通讯"等栏目。除报道、介绍工人生活外，对1921年11月陇海铁路大罢工，1922年1月香港海员大罢工，1922年10月开滦五矿大罢工，1923年2月京汉铁路大罢工等历次工人运动都予以报道评论。它还编辑出版了《京汉工人流血记》一书。京汉铁路罢工被军阀镇压后，该报编辑人员在白色恐怖下，不顾生命危险，坚持出报，第63期的"五一特刊号"，被反动军阀查禁后三个月得以和工人群众见面。第64期《去年"五一"的回顾谈到今年"五一"》一文指出无产阶级"要想自己解放自己，就要自己得着支配权力。人类自从有史以来皆是阶级斗争的历史，是一阶级征服一阶级"。

这一时期，工人报刊发展到十几种。比较有影响的还有《京汉铁路日刊》、《陇海路总罢工报》、《山东劳动周刊》、武汉《真报》、长沙《劳工周刊》、上海《唐山潮声》等。这些报刊反映和鼓舞了各地工人运动的发展。

最早的共青团刊物是中国社会主义青年团（中国共产主义青年团前身）北京青年团组织创办的《先驱》半月刊，邓中夏为第一任主编，该刊旨在"努力研究中国的客观的实际情形，而求得一最合宜的实际的解决中国问题的方案"。出刊不几期，就遭北洋军阀政府禁止，乃迁沪继续出版。这一年5月，中国社会主义青年团第一次全国代表大会在广州举行，从此《先驱》

成为青年团中央执行委员会的机关刊物。该刊共出 25
期，1923 年 8 月停刊。

1923 年 10 月，青年团中央在上海再次创办机关刊
物《中国青年》周刊。共产党员恽代英、萧楚女、邓
中夏、张太雷、任弼时、林育南等先后担任主编和主
要撰稿人，该刊设有"社评"、"时事述评"、"书报评
论"、"通讯"等栏目，恽代英、萧楚女的文章，深入
浅出，理论联系实际，深受广大青年欢迎。1927 年 10
月《中国青年》被迫停刊。

《向导》周报

1920 年 11 月 7 日，中国共产党上海发起组秘密出
版发行了《共产党》月刊，这是中国共产党最早的刊
物，也是中共上海发起组的机关刊物，由李达主编，
发行量最高达 5000 多份。

1922 年 7 月，中国共产党第二次全国代表大会
后，党中央决定将秘密出版的《共产党》月刊停刊，
并接受共产国际驻中国代表马林的建议，办一个周
刊，并定名《向导》周报，这是中国共产党第一个
正式机关报，1922 年 9 月创刊，1927 年 7 月停刊，
共出 201 期。前期由蔡和森主编，中期由蔡和森、
瞿秋白主编，彭述之继两人后兼任主编。最后由瞿
秋白任主编。

在《向导》第 1 期的《本报宣言》中，庄重宣告
中国共产党的主张：

现在最大多数中国人民所要的是什么？我们敢说是要统一与和平。为什么要和平？因为和平的反面就是战乱，全国因连年战乱的缘故，学生不能求学，工业家渐渐减少了制造品的销路，商人不能安心做买卖，工人农民感受物价昂贵及失业的痛苦，兵士无故丧失了无数的生命，所以大家都要和平。为什么要统一？因为在军阀割据互争地盘互争雄长互相猜忌的现状之下，战乱是不能免的，只有将军权统一政权统一，构成一个力量能够统一全国的中央政府，然后国内和平才能够实现，所以大家都要统一。我们敢说：为了要和平要统一而推倒为和平统一障碍的军阀，乃是中国最大多数人的真正民意。

……

现在的中国，军阀的内乱固然是和平统一与自由之最大的障碍，而国际帝国主义的外患，在政治上在经济上，更是钳制我们中华民族不能自由发展的恶魔……在这样国际帝国主义政治的经济的侵略之下的中国，在名义上虽然是一个独立的共和国，在实质上几乎是列强的公共殖民地；因此我中华民族为被压迫的民族自卫计，势不得不起来反抗国际帝国主义的侵略，努力把中国造成一个完全的真正独立的国家。

中国共产党的创始人之一、杰出的理论家、宣传家蔡和森，为《向导》周刊撰写了大量政论文章（近200

篇）。胡适在《努力周报》上撰文，反对、攻击《向导》周刊推翻封建压迫的同时必须打倒帝国主义的理论。《向导》刊发《中国已脱离了国际侵略的危险吗？》的专论，再次强调："国际帝国主义是中国人民的第一个敌人，是势不两立的敌人，为了解除中国人民的痛苦，为了中国的独立和自由，非急速打倒它不可。"蔡和森在《向导》周刊第 13 期上发表《革命中的希腊》一文，最早提出英帝国主义及其在希腊的同伙是纸老虎的观点，对帝国主义貌似强大实则虚弱的反动本质提出科学、鲜明的认识。该刊还在"外患日志"、"世界一周"的栏目上，揭露帝国主义列强在中国的罪行和在其他国家的野蛮行径，使民众更加了解帝国主义的真实面目。

1925 年 3 月，蔡和森在《向导》周刊第 107 期上发表《孙中山逝世与国民革命》，指出："犹忆两年前本报初揭国际帝国主义侵略中国之理论与事实时，北京大学教授胡适之目为海外奇谈，现在这种海外奇谈竟成为普遍全中国的政治常识。"该刊积极宣传中共建立革命统一战线的思想观点，支持、推动孙中山改组国民党，促进、宣传第一次国共合作。在五卅运动中，指导工人阶级开展反对帝国主义的斗争。《向导》受到共产党员和广大民众的欢迎，曾一度增至 10 万余份，成为这一时期中国共产党的重要刊物之一。

6 邵飘萍、林白水血染京城

北京地区无论办报基础，报社的设备，办报经验在国内均属上乘，但由于这里从清末一直到北洋军阀政府时期长期成为反动统治的中心，自由度、言论的直露程度均不如南方，所以有思想敢说话的报人，没有一定的胆识，是不敢在北京这块地盘上办报的。袁世凯死后，以段祺瑞为首的皖系，以冯国璋、曹锟、吴佩孚为首的直系，以张作霖为首的奉系，在日本和英、美等国支持下，钩心斗角，争夺北京政府权力。在这种局面下，大多数报纸刊物小心谨慎，不敢轻易批评各派军阀，唯独邵飘萍主编的《京报》、林白水主办的《社会日报》和成舍我主办的《世界日报》大胆议论、批评时政，因此遭到军阀的忌恨，乃于1926年4月杀害邵飘萍，8月杀害林白水，逮捕成舍我，以白色恐怖镇压报人。张宗昌就曾在邵、林事件前的记者会上威胁记者只能说好话，不能说坏话，谁敢于揭露他们，他们就以军法从事。

邵飘萍是清末民初著名的新闻记者，青少年时代便萌生了"新闻救国"的思想，常给《申报》写通讯，被聘为《申报》特约通讯员。1912年他离开故乡浙江金华到杭州，与报人杭辛斋合作创办《汉民日报》，他撰文多篇，揭露贪官、豪绅，讥讽、抨击袁世凯的反动专制。办报时间不长，他即三次被捕。《汉民日报》被查封，邵飘萍逃往日本，入东京法政学校读书，他和几个同学组织"东京通讯社"，揭露日本帝国主义侵略中国的野心，及时将日本向袁世凯提出的灭亡中国的"二十一条"并秘密谈判的消息发回国内，激起全国人民反对袁世凯卖国的爱国高潮。1915年冬，邵飘萍应上海《申报》等几家报纸的邀请回国，担任《申报》、《时报》和《时事新报》的主笔。他的反袁政论，尤引人注目。是年 6 月，袁世凯病亡，段祺瑞执掌北洋政府。邵飘萍被聘为《申报》驻京特派员。他到京后，一改新闻界单靠摘引官方文件发消息的陋习，多方努力，力求发出第一手新闻消息。因此，他主编的《申报》的《北京特别通讯》内容丰富、真实，新闻性强，受到其他报纸的重视和仿效。邵飘萍的文章多把矛头指向段祺瑞为首的军阀政府，招致军阀政客的仇视。

1918 年 7 月，邵飘萍创办北京新闻编译社。这一年 10 月，又在北京创办《京报》，旨在"必使政府听命于正当民意之前，是即本报之所为作也"。这在当时十分困难，几近幻想，但邵飘萍却努力为之奋斗，并为此洒血长街。1919 年五四运动爆发，邵飘萍秉笔直书，在报上揭露曹汝霖、陆宗舆、章宗祥的卖国罪行，段祺瑞政府十分恼怒，下令查封《京报》，派军警包围报馆，邵逃出北京赴日本，应大阪《朝日新闻》社邀请担任该社的特约记者。1920 年下半年，段祺瑞政府垮台，邵飘萍回到北京，重办《京报》，并根据他对日本新闻事业的考察研究，在北京讲授新闻采访技术。1923 年他出版《实际应用新闻学》一书，1924 年又出版《新闻学总论》。

邵飘萍对复刊后的《京报》锐意革新，于 1925 年增设各种周刊，计有《妇女》、《儿童》、《电影》、《戏剧》、《民众文艺》等十几种，其中的《莽原》周刊，由鲁迅主编。这些专刊深受读者欢迎。邵飘萍从不畏惧军阀怎样报复，在《京报》1921 年的元旦特刊上，刊登张作霖、张宗昌等军阀的照片，照片下面还有"奉民公敌张作霖"、"直民公敌李景林"、"鲁民公敌张宗昌"的字样，读者看了，甚为痛快。1923 年京汉铁路二七大罢工后期，他在《京报》上怒斥军阀镇压工人的暴行。1925 年初，孙中山北上谋求南北统一，《京报》热切祝愿孙中山北上成功，批评、讥讽段祺瑞政府的善后会议。五卅惨案发生，邵飘萍在《京报》上撰文谴责英、日帝国主义在中国领土上的野蛮罪行，提出"打倒外国强盗，严办外国凶手"的口号。

1926 年 3 月 18 日，段祺瑞政府在北京制造了三一八惨案。3 月 19 日，《京报》发表《国务院门前之屠杀》的报道，刊载邵飘萍的评论《日英之露骨的干涉》，严厉声讨段祺瑞政府的罪行。21 日，邵再发评论《警告司法界与国民军》，义正词严地责问段政府，强烈要求司法机关"缉拿要犯，公开审判，使犯罪者伏法"。段祺瑞恨之入骨，把他秘密列入通缉名单。

奉系军阀首领张作霖曾想收买邵飘萍，邵并不买账，反而在报上斥责张作霖的卖国亲日活动，并支持郭松龄倒戈。张作霖怀恨在心，扬言"打进北京后，立即处决邵飘萍"。4 月 22 日奉军进入北京，24 日乃设计诱捕邵飘萍，遂封闭《京报》馆，26 日竟以"勾结赤俄，宣传赤化"的罪名杀害邵飘萍于天桥刑场。

林白水原名獬，福建闽侯人。1901 年任《杭州白话报》主笔，倡导用白话文写文章。1903 年初赴日本留学，参加了留学生的拒俄运动。回国后，林与蔡元培、刘师培等人在上海创办《俄事警闻》，1904年改为《警钟日报》，又创办《中国白话报》，鼓吹用暗杀作为革命的过渡手段。后再赴日本学习。1905年冬回国。

1911年武昌起义后，林白水任福建共和党支部长。1913年，当选国会众议院议员，被袁世凯聘为总统府秘书兼直隶省督军署秘书长。1915年，袁世凯筹谋称帝，林白水参加"筹安会"，鼓吹帝制，并改任参政院参政。1916年袁世凯死后，林辞去议席，9月与王士澂等创办《公言报》，鼓吹段祺瑞的"武力统一"政策。1919年2月，林主持的《平和日刊》在上海南北和平会议开幕之日创刊，极力主张"和平"。林白水因此被人讥笑为"朝三暮四，覆雨翻云"。

与军阀政客的几年交道，使林白水渐渐对军阀统治有了认识，于是易名白水，表示自己不怕身首异处（"白水"合为"泉"字），乃于1921年春，与胡政之共同在北京创办了《新社会报》，林任社长。1922年2月，因揭露吴佩孚搬运飞机炸弹等黑幕消息，被北京政府警察厅勒令停刊三个月。复刊后改名《社会日报》。1923年10月，林白水撰文披露、抨击曹锟贿选总统事，被拘禁三个月。林白水为该报撰写的要闻、时评颇有棱角，特别是涉及权贵要人的私德，尖刻犀利，不留余地。五卅惨案后，林在《社会日报》上发表特别启事，拒绝刊登英日两国广告。

1926年4月，冯玉祥部国民军，在奉鲁军阀进攻下撤出北京。林白水写了篇报道，说国民军撤出时如何秩序井然，不扰市民。奉鲁军阀深为忌恨。邵飘萍遇难后，林白水并不畏惧，仍然不断发表反对帝国主义反对军阀的文章，有朋友劝他勿以言论招祸，他说："世间还有公道，读报的还能辨别黑白是非，我就是因为文字贾祸，也很值得。"8月5日，《社会日报》刊载林白水《官僚之运气》一文，讽刺投靠军阀的潘复：

> 某君者，人皆号之为某军阀之肾囊，因其终日系在某军阀之十下，亦步亦趋，不离晷刻，有类于肾囊之累赘，终日悬于腿间。此君热心做官，热心刮地皮，因是有口皆碑。

潘复看过报纸，老羞成怒，要求张宗昌处死林白水。8月6日凌晨，林白水被宪兵抓到宪兵第二营，审讯中强加林"通敌有证"的罪名并判处死刑。林白水写下遗书："我生平不作亏心事，天必佑我家也。"晨4时许，林白水就义于北京天桥。

成舍我原名成勋，湖南湘乡人。青年时期曾在沈阳《健报》、上海《民国日报》任校对和助理编辑，1918 年考入北京大学，兼任《益世报》编辑，1924 年任该报总编辑。1924 年 4 月，成舍我创办《世界晚报》，翌年 2 月、10 月又创办《世界日报》和《世界画报》（后来三报以《世界日报》总称）。

成舍我办报很有眼光。他注意到北京的大学、中学、小学人数很多，于是突破一般晚报以登载社会新闻、政治新闻居多的做法，特意在《世界晚报》上设置教育专栏，及时报道教育界消息，受到广大学生和教职员的欢迎。晚报的副刊《夜光》由张恨水主编，为了吸引读者，扩大发行量，张恨水创作了揭露权贵、政客、同情下层市民的《春明外史》，他每天写五六百字，连载了4年零9个月，写了一百多万字，深受读者喜爱。《世界日报》创刊后，成舍我仍请张恨水担任副刊《明珠》的主编，张恨水在这个副刊上，连载了轰动一时的《金粉世家》和《新斩鬼传》。日报还开辟"学库"专版，刊载学术研究文章。成舍我在主办《世界日报》期间，为提高报纸的新闻性、准确性和时间性，采取了许多措施，如版面经常改进，要求记者每天至少采访一位军政要人，把最新消息编成"特讯"；每天派人到东交民巷访问各国使馆人员，探询、整理各地领事馆来讯；学习采用无线电技术，并设短波电台，收听空中电波，及时报道新闻；对记者奖惩分明等。

　　1926年，段祺瑞军阀政府在北京制造了三一八惨案，引起公愤。成舍我愤然与段政府决裂，在《世界日报》上发表反段文章。段政府十分恼怒，乃罗织罪名，以"恶毒反奉，勾结冯玉祥，为国民党宣传"的罪状，于8月7日将他逮捕。经孙宝琦多方营救，未遭杀害。成舍我被释放后，只得离开北京南下。

7　第一次国共合作时期的报刊

　　随着1924年第一次国共合作的形成，国共两党在报刊出版方面的合作亦日益增强。

1922 年秋，报刊方面的国共合作就已经开始。上海《民国日报》及其副刊《觉悟》，就经常刊发共产党人写的文章。1923 年冬，国共两党合办的国民党理论刊物《新建设》在上海创刊，北京也出版了《新民国》等刊物。

国民党一大以后，共产党人更多地参加国民党报刊的编辑出版工作，使第一次国共合作时期的报刊业发展呈现出勃勃生机。到北伐前夕，北京、广东之外，十多个省市国共两党合办的报刊达 66 种。其中影响较大，较为重要的有《政治周报》、《中国农民》、《民国日报》（武汉），等等。

《政治周报》于 1925 年 12 月 5 日在广州创刊，是国民党政府委员会的机关刊物，毛泽东任主编（当时毛泽东是国民党中央宣传部代理部长），第 4 期后由沈雁冰、张秋人主编，共出 14 期，每期发行约 4 万份。

毛泽东在创刊号首篇"政治周报发刊理由"中明确指出：

> 为什么要出版政治周报？为了革命。为什么要革命？为了使中华民族得到解放，为了实现人民的统治，为了使人民得到经济的幸福。
>
> ……
>
> 我们现在不能再放任了。我们要开始向他们反攻。"向反革命派宣传反攻，以打破反革命宣传"，便是政治周报的责任。

　　毛泽东这里所说的"反攻"，是指向 11 月下旬，以邹鲁、谢持为首的国民党右派势力十数人在北京西山碧云寺非法召开所谓"国民党一届四中全会"，掀起反苏、反共、反对国共合作逆流的西山会议派的反攻。

　　在毛泽东主编的前 4 期中，除刊登国民党左派人士反击西山会议派的报告、文章，刊登国民党和广东革命政府的几种正式会议文件外，他还以"子任"的笔名写了专论文章，其中第 2 期上发表《革命派党员群起反对北京右派会议》，第 3 期上发表《上海民国日报反动的原因及国民党中央对该报的处置》，第 4 期上发表《国民党右派分离的原因及其对于革命前途的影响》和《反对右派会议者遍于全国》。在该报特辟的《反攻》专栏中，毛泽东以"润"的笔名撰写了多篇短小精悍的评论，第 1 期写了《三三三一制》、《共产章程与实非共产》、《邹鲁与革命》等 7 篇，第 2 期写了《向左还是向右》、《赤化原来如此》，第 3 期写了《北京右派会议与帝国主义》、《帝国主义最后的工具》、《右派的最大本领》。这些文章和短评，深刻批判和揭露了国民党右派的反动本质。

　　在《国民党右派分离的原因及其对于革命前途的影响》一文中，毛泽东剖析国民党右派分离的原因时指出：

　　　　有些人说：国民党现在又分离出去一个右派，这是党里左派分子的操切，这是中国国民党与中国国民革命的不幸。这个意见是不对的。半殖民地中国的国民革命政党，在今日应有这个分裂。这是一种必然的现象……现代殖民地半殖民地的革命，乃小资产阶级半无产阶级无产阶级这三个阶级合作的革命，大资产阶级是附属于帝国主义成了反革命势力，中产阶级是介于革命与反革命之间动摇不定，实际革命的乃小资产、半无产、无产这三个阶级成立的一个革命的联合；其对象是国际帝国主义；其目的是建设一个革命民众合作统治的国家，其所号召的是民权民生主义并不是某一阶级笼络欺骗某一阶级使为己用的一种策略，而是各革命阶级一种共同的政治经济要求，由他们的代表者（孙中山先生）列为他们政党的纲领；其结果是要达到建设各革命民众统治的国家……

依此分析，则中国为了救苦为了自求解放的革命民众有多少呢？有三万万九千五百万，占百分之九八．七五。其敌人有多少呢？有一百万，占百分之〇〇．二五。中间派有多少呢？有四百万，占百分之一。在这种情形之下，我们可以毫不犹疑的断定：代表中产阶级的国民党右派之分裂并不足以妨碍国民党的发展，并不足以阻挠中国的国民革命。他们的分裂，是基于他们的阶级性，是基于现在特殊的时局，使他们不得不分裂，并不是为了什么左派的操切。

1926 年 1 月创刊于广州的《中国农民》，是国民党中央农民部的刊物，亦由毛泽东任主编，后来迁至武汉，共出11期。毛泽东著名的《中国社会各阶级的分析》就是在这个刊物上发表的。文章准确地分析了中国社会各阶级的经济状况、政治地位，中国革命的对象、领导权、同盟军、革命前途诸问题。在该刊第一期上，毛泽东发表了《中国社会各阶级的分析及其对于革命的态度》，对中国农民阶级、地主、豪绅做了明确的区分。这两篇文章成为指导农民运动乃至中国革命的理论依据。共产党人李大钊、陈独秀、林伯渠、彭湃以及蒋介石、邓演达、苏联顾问鲍罗廷曾为该刊写文章。

国民党中央农民部还创办了另一研究农民问题、以广大农民干部为对象的《农民运动》。

这一时期，反映和介绍农民运动的刊物还有广东省农民协会的《犁头》旬刊、湖南的《农友》、湖北省农民协会的《湖北农民》、江西的《江西农民》和陕西的《耕牛》，等等。

反映工人和工人运动的报刊在1923年二七大罢工遭到军阀镇压后，随着工人运动转入低潮而大多数被迫停刊。第一次国共合作后，工人运动有了转机，反映工运的报刊又逐渐多起来。在这些报刊中，以中国共产党1924年10月在上海创办的《中国工人》影响最大。该刊由邓中夏主编，刘少奇、李立三、瞿秋白、任弼时、赵世炎等经常为该刊撰稿。第二年5月，《中国工人》成为届时成立的中华全国总工会的机关刊物，在指导工人运动，总结工运经验教训，介绍国际工运经验方面贡献突出。邓中夏曾在该刊发表《我们的力量》一文，用大量丰富的材料和数字论证了中国工人阶级力量的雄厚，阐明在民主革命中工人阶级的主力军和领导者地位。

随着 1925 年五卅运动的高潮，各地的工人报刊的出版发行也达到高潮。除各行业工会刊物《铁路工人》、《造船工》、《中国海员》、《机器工人》、《印刷工人》、《青年工人》等外，湖北的《工人导报》、《工人画报》，湖南的《湖南工人》，上海的《平民日报》、《热血之路》，广东的《工人之路》以及江西、浙江、江苏、山东等地区的工人报刊都破土而出。其中尤以上海《热血日报》和广州《工人之路》最为著名。

1925 年 6 月 4 日创刊的《热血日报》，是中国共产党正式创办的第一份日报，由瞿秋白任主编，沈泽民、郑超麟、何公超等参加了编辑工作。在五卅惨案后诞生的这份报纸，一创刊就投入反帝斗争。瞿秋白在发刊词中充满激情地说：

> 创造世界文化的是热的血和冷的铁。现在世界强者占有冷的铁，而我们弱者只有热的血，然而我们心中果有热的血，不愁将来手中没有冷的铁。热的血一旦得着冷的铁，便是强者之末运。

创刊号《上海外国巡捕屠杀市民之略述》一文，揭露了帝国主义野蛮屠杀中国人民的事实。《热血日报》的爱国正义宣传得到广大群众的支持，销数很快达 3 万多份，给报社的来稿来信十分踊跃。该报创办未及一月，便在帝国主义迫害下停刊。在《向导》、《中国青年》的努力宣传下，上海的反帝热潮更加高涨，《上海总工会日刊》、《工商学联合会日刊》、《血潮日刊》及各大学、工商界创办的报刊纷纷投入反帝斗争的行列。

1925 年 6 月 24 日在广州创刊的《工人之路》（又名《工人之路特号》），原是中华全国总工会的机关刊物，省港大罢工后，改为省港罢工委员会的机关刊物，至 1927 年 1 月停刊，主编邓中夏。该刊积极宣传五卅运动和省港大罢工，驳斥、揭露帝国主义对工人运动的诬蔑、破坏，报道全国各地工人对省港罢工斗争的声援和支持，鼓舞工人将罢工斗争坚持到最后胜利。

军人报刊方面，在国共合作的黄埔军校，周恩来担任军校政治部主任后加强了政治思想工作。1925 年 2 月，以共产党员、共青团员为主的中国青年军人联合会创办会刊《中国军人》，共产党员王一飞为主编，蒋先云、周逸群、李富春等经常撰稿。该刊以普通士兵为对象，热情宣传马克思列宁主义，结合大部分贫苦士兵的经历，讲解革命道理，告诉他们推翻封建地主阶级在农村的统治，做土地的主人，启发他们的阶级觉悟，文章深入浅出、短小精炼，深受广大士兵欢迎，发行量很快高达 2 万多份。军队进步报刊《青年军人》、《军人日报》、《军人周报》、《黄埔潮》、《军声》、《革命》等纷纷创办，《革命》半月刊第 4 期于 1925 年 12 月最先刊载了毛泽东的《中国社会各阶级的分析》。革命报刊使图谋篡夺革命政权、军权的蒋介石十分不快，他秘密组织军校右翼势力的"孙文主义学会"，出版《国民革命》周刊等。当两派矛盾公开化时，蒋介石宣布同时停止青年军人联合会和孙文主义学会的活动，再组由他控制的黄埔同学会，打击和限制了军校进步报刊的发行活动。

在1926年夏北伐战争开始，《中国青年》、《新青年》、《人民周刊》、《工人之路》等报刊，为宣传、支持北伐做了许多工作。针对彭述之、陈独秀对北伐战争的错误认识，《中国青年》发表了《拥护国民革命军北伐》、《北伐为的是什么?》、《青年对北伐应有的认识》等文章，明确指出北伐的目的是打倒反动军阀和帝国主义在中国的统治，北伐战争是正义和必要的，最终将使全国工农民众获得解放；号召广大民众积极支援北伐，要求北伐军尽最大努力支持工农群众运动的开展。"北伐不仅是军事行动，而应当是武力与人民结合得更坚固的表现"。

瞿秋白在《新青年》上发表《中国革命中之武装斗争问题》（1926年5月），他提出："中国革命是武装的革命反对武装的反革命。"他阐述了革命运动的中心问题是"实行准备战争，求于最短期间推翻中国现在的统治——帝国主义在中国的政治统治——军阀制度"。

农民运动在北伐战争期间也得到迅速蓬勃的发展。《农民运动》、《战士》周报等及时报道了农民运动，揭露封建地主和国民党右派勾结起来残害压榨农民的罪行。1927 年 3 月 5 日,《战士》周报最先刊登了毛泽东的《湖南农民运动考察报告》,热情歌颂农民运动,有力驳斥了共产党内右倾机会主义关于农民、农民运动的种种谬论。

帝国主义支持下的国民党新右派蒋介石于 1927 年策动四一二政变,汪精卫发动七一五政变,绝大部分革命报刊被迫停刊,整个中国处于反动派的白色恐怖中。

四 同根相煎何太急

国民政府的报刊业

南京国民政府于 1927 年成立，很快垄断了全国的新闻发布权，建立了中央通讯社、中央广播电台。

国民党中央机关报——《中央日报》，1927 年 3 月在汉口创刊，宁汉合流后停刊。1928 年 2 月在上海复刊。1929 年 2 月迁往南京出版，由中央宣传部长叶楚伧兼任该报社长。1932 年《中央日报》改为社长负责制，程沧波任社长，李圣五为主笔，金诚夫、王平陵、储安平等为该报主要编辑。

除南京《中央日报》，还前后发行庐山版、重庆版、长沙版、昆明版，并在贵州、成都、福建、安徽、广西、沈阳、长春等地设立地方版。由国民党中宣部直辖的各地报纸有：北平的《华北日报》，天津的《民国日报》，汉口的《武汉日报》，西安的《西京日报》，等等。

为了加强蒋介石的统治，国民政府颁布了《宣传品审查条例》等 8 个有关新闻出版的法律、条例，声称有"宣传共产主义及阶级斗争，反对或违背本党主义政纲政策及决议案者，妄造谣言以淆乱观听者"，要"查禁查封或究办之"。正是以此为借口，国民党上海当局于 1931 年 2 月，残酷杀害左联进步作家李伟森、柔石、胡也频、冯铿、殷夫等 18 人。1933 年，国民党特务在上海绑架作家潘梓年和丁玲，枪杀左联作家应修人。左联作家洪灵菲也在北平被捕遇害。

这一时期，《中央日报》除宣传国民政府的内外政策，报道国内外新闻外，用相当篇幅进行反对共产党的宣传。九一八事变后，日军窥视华北，蠢蠢欲动。而《中央日报》仍在大力宣扬蒋介石"攘外必先安内"的政策。1935 年冬北平学生发动一二·九运动，反对国民政府对日妥协出卖华北，要求停止内战一致抗日，得到全国学生和舆论界的支持。《中央日报》却道貌岸然地指责、非议学生，刊载歪曲事实丑化学生的报道，南下请愿的学生愤怒之下曾捣毁该报社。

为配合国民党军队对中央苏区的第四次"围剿"，国民党军委政治训练处处长贺衷寒主持，于 1932 年 6 月在南昌创办《扫荡报》，攻击的对象是红军和共产党。1934 年 5 月迁汉口。国共合作共同抗日后，《扫荡报》将有关抗战的宣传报道放在首位。1936 年 6 月，《扫荡报》刊载日军水兵自相残杀的消息，日军怀恨在心，一面提出抗议，一面动用长江上的日军炮舰威胁要炮击扫荡报社。

⚡ 民族资产阶级报纸的发展

民族资产阶级的报纸在这一时期得到很大发展，

经过各种艰辛坎坷和经营业务方面的探索努力，办报经验日愈丰富，为中国新闻事业作出了重要贡献。

有几十年办报经验、实力雄厚的上海《申报》，自史量才接办后，有了更大的改观。

史量才名家修，1880 年 1 月生于上海青浦县泗泾镇。于杭州蚕学馆毕业后曾在中学任教，并创办了女子蚕桑学校。1908 年兼任《时报》主笔。1912 年接办《申报》，任总经理。由于他苦心经营，销路日增，当年即达 7000 份，1917 年销 2 万份，以后逐年上升，到 1932 年 4 月销数已达 15 万份。

1929 年，史量才从美商福开森手里购进《新闻报》50% 的股权，自此，他成为上海最大的报业资本家。1932 年冬，史量才任用黎烈文做《申报》的著名副刊《自由谈》主编，一改周瘦鹃主编的陈腐缠绵之风。黎烈文认为《自由谈》应立足于文艺的"进步和现代化……决不敢以'茶余酒后消遣之资'的'报屁股'自限"。该副刊虽然每天只有半版，却办得十分活跃，杂文、随感、散文、考据、漫画、诗歌等栏目很多，其中杂文是该副刊的主题和骨干，鲁迅、茅盾、瞿秋白、郁达夫、陈望道、郑振铎、叶圣陶及后起的徐懋庸、廖沫沙等都积极为《自由谈》撰稿，鲁迅先生更是对《自由谈》倾注了许多心血，他在该刊上用 48 个笔名发表了 143 篇文章。该刊许多文章揭露了国民党钳制进步舆论，进行"文化围剿"的行径，揭露了国民政府对日本侵略的妥协行为，因而遭到国民党上海当局的仇视和破坏。他们诬陷鲁迅、茅盾、黎烈文，不断向史量才施加压力。黎烈文被迫离开《自由谈》，继任者张梓生亦不断遭到国民党御用文人的攻击，1935年11月，《自由谈》被迫停刊。

和其他民族资产阶级的报刊一样，《申报》也具有两面性，政治态度若明若暗。它曾经支持、同情五四时期的爱国学生运动。但在五卅运动中态度消极，不敢得罪租界当局，并于1925年7月刊出英国外交大臣诬蔑中国人民的讲话，愤怒的上海学生包围了《申报》馆，砸碎了门窗玻璃。1927年4月蒋介石叛变革命，《申报》沉默不语，如"旁观者"。

九一八事变后，民族危难，国家危亡。史量才与《申报》同仁的政治态度发生了很大变化，他们主张抗日，批评国民政府的对日妥协政策，支持学生的抗日示威运动，反对国民党独裁。1931年12月20日，《申报》刊载了宋庆龄的《国民党不再是一个革命集团》，有人替史量才担心，史量才却在上海日报公会的会议上坦然地说，国父孙中山夫人的宣言，我们的报纸为何不可发表？翌年1月13日，《申报》发表"时评"认为："国民党主政迄今五年，人民予以为政之机，不可谓太暂。五年以来，国事是非，民生愈困，迄至今日，更岌岌不可终朝。则负此误国之责者，应为整个之国民党。"蒋介石十分震怒，曾批示："申报禁止邮递！"

除了加强《自由谈》副刊的编辑工作，史量才还采纳黄炎培、陶行知、戈公振的建议，明确"要担负起社会先驱与推动时代之重责"的编辑方针，从12个方面着手改革，如开办申报流通图书馆，创办申报新闻函授学校，创办申报业余补习学校和妇女补习学校，发行《申报年鉴》、《申报丛书》，出版《中华民国新地图》、《中国分省新地图》。

史量才的爱国热情和正直敢言，使蒋介石愈加仇视，蒋乃密令戴笠部署暗杀史量才。1934 年 11 月 13 日，史量才乘汽车由杭州回上海，在浙江海宁县翁家埠附近的公路上，被国民党特务狙击身亡。在史量才的追悼会上，人们看到这样一副挽联："舆论在人间公过去公不曾过去；元凶犯众怒他将来他没有将来。"

天津《大公报》是一份极有影响的民族资产阶级报纸。也许它在 1902 年创办后的二十几年中并不出色，但 1926 年 9 月停刊 10 个月后复刊的《大公报》却脱颖而出，得到长足的发展。到 1936 年，《大公报》从 10 年前发行 2000 份增长到 3.5 万份，资本从 5 万元达到 50 万元。并创办了上海版。《大公报》的成就，不能不提到它的主编张季鸾及吴鼎昌、胡政之的努力经营。

张季鸾，名炽章，原籍陕西榆林，1888 年 3 月 20 日生于山东邹平。1905 年赴日本留学，兼任留学生杂志《夏声》的编撰。1910 年赴上海协助于右任办《民立报》。1913 年，与曹成甫在北京合办《民立报》，不久因披露袁世凯与英、法等五国银行团签订《善后借款合同》事被逮捕入狱。获释后任上海《大共和日报》编译和《民信日报》总编辑。1916 年任上海《新闻报》驻北京记者。后任北京、上海《中华新报》总编辑。

1926年吴鼎昌接办《大公报》，自任该报新记股份公司董事长兼社长，聘胡政之任经理兼副总编辑，张季鸾任总编辑兼副经理。在复刊社评《本社同人之志趣》中提出"不党、不卖、不私、不盲"的办报方针，力图在政治上不偏不倚。张季鸾为该报撰写了许多社评，以消息灵通，见解独到，文笔凝练享誉报坛。该报的新闻报道很有特色，其要闻版往往不是简单地采用外稿，而是全部使用自己的专电，并在北京、上海、武汉、沈阳、哈尔滨设分社，在南京设办事处，在西安、济南、绥远等地聘任特约通信员。

《大公报》既反对中国共产党的主张，也反对蒋介石的独裁统治，希望在中国建立起西方式的资产阶级民主制度。张季鸾在1928年元旦发表的《岁首之辞》中提出"对内厉行民主政治，提倡国民经济，采欧美宪政之长，而去其资本家专制之短；大兴教育以唤起民众，争回税权以发达产业；对内务求得长治久安之规模，对外必脱离不平等条约之束缚"。这一年7月，他南下到郑州，通过冯玉祥介绍结识了蒋介石，并随蒋的专车到北平作了采访。随之《大公报》发表社评，称颂蒋介石为"革命英雄"。自此《大公报》的亲蒋立场较为明显。蒋介石在江西发动对红色根据地的"围剿"，《大公报》在天津遥相呼应，发表《朱毛之祸》、《剿共与安民》等社评。九一八事变后，《大公报》接受蒋介石的指示，发表"缓抗"的社评，同时强烈抗议日本的侵略暴行，赞颂东北义勇军，批评国民政府的失误。一·二八淞沪战争爆发后，张季鸾发表社评《兴亡歧路生死关头》指出：

> 国民全体须对此战有明确认识，盖今日以后之战，与半月来又不同，诚以一经接火断非短期可了，日本不久恐再增兵，战事规模恐日扩大。而中国一旦被迫自卫，则无论如何，必须抵拒至最后之日，非将中国自日本侵略征服主义完全解放，对日无平和之可求。此非主张也，事实如是也。

为了长期抗战，张季鸾向蒋与国民政府建议"开放党禁"、"大举调兵"。1932 年 4 月《大公报》社评《目前政治上之亟务》提出"只为承认国民党以外之可以有党，只为承认各党之公开存在，不发生政权问题，与现在训政制度之基础亦不生影响，易言之，不过公开若干在野党，听其在不破坏公开秩序之范围以内，发抒政见而已"。1933 年 4 月《大公报》社评中提出"由江西调剿匪军十万"开赴抗日前线。蒋介石的置若罔闻，使张季鸾大为失望，于是他在 1935 年 9 月的社评《对于五全代会之期待》中直截了当地批评蒋介石和国民政府的"攘外必先安内"政策：

> 尤可悲者，中国在此对外竭力图和之时，而内乱之斫杀，并未能终止。数十万或近百万之军士，今在湘鄂间，陕甘间，仍不得不辛勤从事于剿匪之战，而人民之牺牲，更不可计矣。

　　《大公报》对共产党与红军的真实情况也时有报道。从 1935 年 9 月至 1936 年 1 月，《大公报》即连续刊载进步记者范长江访问西南、集中报道红军长征的长篇通讯。1937 年 2 月，范长江披露西安事变真相的通讯《动荡中的西北大局》在《大公报》上发表，恰在国民党五届三中全会开幕前夕，蒋介石大怒，下令检查范长江的信件，并指责张季鸾。在这种情况下，以"只要不碰蒋先生，任何人都可以骂"为宗旨的张季鸾，仍允许范长江为《大公报》写通讯，只是当他看到范长江为该报写的社评《抗战中的党派问题》中指出反对"一个政党、一个主义、一个领袖"时，才决心迫使范长江脱离《大公报》。

　　《新民报》的办报时间虽晚于《申报》和《大公报》，创办初期也没有极富声望的报人，但由于该报在言论上顺应时代潮流，反映人民的心声，力主团结抗战，新闻报道和编排技巧独特、精炼，经营管理严格、细致、周到，使该报成为一份很有影响的资产阶级民营报纸。

　　1929 年 9 月，《新民报》在南京创刊，创办人是几个不满官方通讯社束缚、追求新闻言论自由的原国民党中央社的年轻记者陈铭德、刘正华、吴竹似。初创时为四开一小张，后来逐步发展到五社八版。

　　报社初创，社长陈铭德、总编辑吴竹似在经营管理上下了很大工夫，他们注意延聘有才识的老报人和培养、吸收青年采编人员，曾请张恨水、张慧剑、张友鸾、赵纯继、罗成烈、程大千、陈理源、赵超构等参加《新民报》编辑工作。在报纸编排上标题醒目，讲究文采。副刊办得尤为活跃，南京版的《新园地》、《新妇女》，重庆版、成都版的《血潮》、《出师表》、《天府》，北平版的《北海》、《天桥》、《鼓楼》等内容丰富，雅俗共赏，地方色彩浓郁，深受读者欢迎。从1935年阳翰笙主编的《新园地》开始，直至抗日战争胜利，著名文化艺术界人士徐悲鸿、郭沫若、夏衍、巴金、田汉、老舍、叶圣陶、洪深、曹禺、陈白尘、孙伏园、凤子、吴祖光、马彦祥、黄苗子、郁风等都曾为《新民报》的各副刊撰稿。

30年代中期，《新民报》制定了严格的财务、发行、广告、印刷、稽核等业务制度，在发行和广告业务方面尤其细致、周到，达到了以报养报的目的。

关心国事，力主团结抗战，是《新民报》的主要特点。九一八事变次日，《新民报》发表社评《东北全非我有，国亡无日，请对日宣战》，呼吁国民政府出兵抗日。1932年一·二八淞沪战争爆发，2月1日日本海军在南京下关开炮恐吓。《新民报》连发《请对日绝交》、《对日绝交与应有之准备》、《请政府收复东北》等社评，强烈要求国民政府明确抗日态度。是年6月19日，国民政府首都警备司令部竟以《新民报》"三条新闻未送检"之罪名勒令停刊一天。

《新民报》虽然在1936年9月庆祝该报创立7年时宣称其办报宗旨是"为办报而办报，代民众以立言，超乎党争范围之外"。但在九一八事变前，基本没有摆脱维护国民政府的正统观点，亦发表过一些指责共产党的言论。九一八事变后，该报能顺应时代潮流，力主团结抗战，后来又提出"吾人认定民族统一战线实高于一切"，使《新民报》富有生命力，几遇挫折而不倒，并为其他民族资产阶级报刊指出了方向。

3 国统区的文学报刊与"地下"报刊

说到 1927 年后国民党统治区最有影响的文化人，人们自然会想到鲁迅这位中国近代历史上最伟大的文学家。

大革命失败后，"忍看朋辈成新鬼，城头变换大王旗"，鲁迅苦恼着、思索着。他没有被白色恐怖所吓倒，没有为革命出现低潮而颓丧，他奋笔疾书，大声呼号，为中国的新闻事业、无产阶级革命文学事业作出了卓越的贡献。

1928 年初，由郭沫若、郁达夫、冯乃超等领导上海文学团体创造社在原有《创造月刊》的基础上创办了《文化批判》，由蒋光慈、钱杏邨、洪灵菲等领导的文学团体太阳社创办了《太阳月刊》。这三个刊物较为系统地阐述无产阶级文学的根本主张和基本原理，提出社会经济基础和文学运动产生的关系，文学的阶级性和宣传性，等等。1929 年春，国民党查封了创造社，太阳社的春潮书店亦被封闭。

1930 年 3 月，在中国共产党秘密领导下，中国左翼作家联盟在上海成立。鲁迅、郭沫若、茅盾、夏衍、钱杏邨、蒋光慈、冯乃超、郁达夫、柔石等 50 多人为发起人，鲁迅被选为 7 人组成的常委会成员。"左联"成立后，创办了许多重要刊物。其中鲁迅主编的有《萌芽日刊》、《巴尔底山》旬刊、《前哨》和《十字街头》，前三者为左联的机关刊物，后者为左联的通俗刊物，短者二三期，长者七八期，均遭国民党查禁。另有钱杏邨、蒋光慈合编的《拓荒者》，丁玲主编的《北斗》，姚蓬子主编的《文学月报》等亦被查禁。

1931 年 2 月 7 日，左联作家李伟森、柔石、胡也频、冯铿、殷夫 5 人和林育南等 18 人被国民党秘密杀害。左联外围刊物《文艺新闻》于 3 月 30 日最先披露了左联五作家遇害的消息。4 月 13 日，该刊以读者来信的形式，再发《呜呼，死者已矣!》、《作家在地狱》两文，4 月 20 日刊登了烈士遗像。鲁迅听到这个消息极为悲愤，为了表示对烈士的沉痛悼念，他与冯雪峰在 4 月 25 日秘密编辑出版了《前哨》创刊号，特定名"纪念战死者专号"，鲁迅亲笔题写了刊名。《中国左翼作家联盟为国民党屠杀大批革命作家宣言》和左联《为国民党屠杀同志致各国革命文学和文化团体及一切为人类进步而工作的著作家思想家书》，以及鲁迅撰写的《柔石小传》和论文《中国无产阶级革命文学和前驱的血》都发表在创刊号上。

为了反对国民党的文化"围剿"，由《前哨》改名的《文学导报》先后刊登了瞿秋白的《屠夫文学》、《青年的九月》，茅盾的《"民族主义文艺"的现形》，鲁迅的《"民族主义文学"的任务和运命》等文章，把假借"民族主义",实乃法西斯主义的"民族意识"批得体无完肤。鲁迅尤为尖锐地揭露那些打着"民族主义文学家"旗号的人,其实"原是上海滩上久已沉沉浮浮的流尸,本来散见于各处的,但经风浪一吹,就漂集一处,形成一个堆积,又因为各个本身的腐烂,就发出较浓厚的恶臭来了"。

到 1932 年底,在国民党的各种新闻、书刊审查禁令的限制下,左联的刊物大部分被查封。1933 年初,《申报》副刊《自由谈》由黎烈文编辑,他向鲁迅约稿,从这一年 1 月至 1934 年 9 月,鲁迅在《自由谈》上用多个笔名发表了 140 余篇短评,同时还为其他报刊撰文。他的杂文生动凝练,分析透辟。这些短评、杂文后来辑成《伪自由书》、《准风月谈》、《花边文学》3 本书。

另一杂文名家、共产党员瞿秋白,是中共早期主要领导人之一。他青年时期即主编《新社会》、《人道》等刊物。1920 年以《晨报》和《时事新报》特约记者的身份访问苏俄,写了大量采访、通讯,后来辑成《俄乡纪程》和《赤都心史》两书,他还主编、编辑过中国共产党机关刊物《新青年》、《前锋》和《向导》。在 30 年代初的几年,瞿秋白和鲁迅不仅结下深厚的友情,而且共同商量、以鲁迅笔名撰写了 13 篇杂文。1933 年 3 月,瞿秋白编选了《鲁迅杂感选集》,并写就《〈鲁迅杂感选集〉序言》,从四个方面高度评价和科学分析了鲁迅的杂文及其创作思想。

1927 年的蒋汪叛变,使中国共产党的报刊遭到极

四 同根相煎何太急

大破坏。这一年10月，党中央决定筹办机关报《布尔塞维克》，成立了由瞿秋白、罗亦农、邓中夏、王若飞、郑超麟等组成的编委会，瞿秋白任主编。该刊初为周刊，后改半月刊、月刊，1932年7月停刊，共出版52期。发刊词指出，此时"民众所看见的国民党，已经不是以前的革命的国民党，而是屠杀工农民众，压迫革命思想，维持地主资本家剥削，滥发钞票紊乱金融，延长乱祸荼毒民生，屈服甚至于勾结帝国主义的国民党"。为了秘密发行，掩过敌人耳目，《布尔塞维克》曾用《少女怀春》、《中央半月刊》、《新时代国语教科书》等伪装名称作封面。

1928年11月，共产党中央另一机关报《红旗》在上海创刊，初为周刊，后改三日刊。该刊栏目丰富，注重宣传鼓动，1930年第82期在《党报的作用》文内，译载了列宁1901年写的文章《从何着手》的部分内容：

> 报纸不仅是集体的宣传员和集体的鼓动员，而且是集体的组织者。就后一点说，可以把报纸比做脚手架，它搭在正在修建的建筑物周围，显示出建筑物的轮廓，便利各个建筑工人之间的来往，帮助他们分配工作和观察有组织的劳动所获得的总成绩。

按照列宁的论述，中国共产党的机关报也进一步强调党报的真实性、指导性、通俗化等原则。1930年

8 月，《红旗》与《上海报》合并，改称《红旗日报》。

各地的"地下"报刊很多，如江苏省委出版的《明报》、《进报》，河北省委的《北方红旗》，湖北省委的《湖北红旗》，广东省委的《南方红旗》，等等。原来共青团中央的《中国青年》，中华全国总工会的《中国工人》也相继复刊。

其中，中共江苏省委出版的《上海报》办得尤为出色。该报四开四版，通俗易懂，创办之日即公开宣告"他们（指一般报纸）只说大人先生要说的话。我是想说起码社会中的朋友要说的话。总之，他们只是大人先生的喉舌，我是想做起码社会中朋友的朋友"。《上海报》一经创办，就紧紧抓住党领导的工人斗争，及时采访、编辑和报道，深受工人欢迎，1929 年纪念"五卅"那一天发行了几千份。当年该报在上海地区发展通讯员 62 人，第二年增加到 76 人。在白色恐怖下，该报有 10 名送报人被捕。记者曾不顾危险，抢拍群众斗争的场面。该报负责人曾说："敌人的枪头时常与我们的镜头正对着，为了照相，我们已经牺牲不少；然而为了大众，我们能退避么？"

到了 1932 年前后，"地下"报刊大多遭到国民党查禁而被迫停刊，而中共中央苏区的报刊逐渐多了起来。

中央苏区与红军报刊

和国民党统治区比较，共产党与红军所在的中央苏区，报刊的出版和持续时间要稳定得多。据粗略统计，各革命根据地的党组织、红军和政府、群众团体创办的报刊在 100 种以上。

由红色中华通讯社创办的《红色中华》杂志，创刊于 1931 年 12 月 11 日的江西瑞金，是中国共产党在中央苏区创办的第一个机关报。该报首任主编周以栗，王观澜、沙可夫、李一氓、瞿秋白、任质斌等也主持过该报的工作。

《红色中华》报，一般每期出四版到八版，初为周刊。1933 年 2 月出版第 50 期时改为 3 日刊，以后又改为双日刊。该报发行量初期为 1 万份，最多时达 4 万余份。它虽为小型报纸，却有"社论"、"要闻"、"专电"、"小时评"等栏目。从第 72 期后增设不定期文艺副刊《赤焰》，办得生动活泼。《红色中华》出至 1934 年 10 月第 240 期时暂时休刊。

经过一年的长征，中国工农红军到达陕北吴起镇。《红色中华》亦于 1935 年 11 月 25 日在瓦窑堡恢复出版，续出第 241 期。这时的物质出版条件更差，只能油印出版。该报坚持工作，宣传党的方针政策，对于陕北红军的扩充，陕甘苏区的发展巩固起了很大的作用。1936 年，随着国内外形势的变化发展，该报接连发表《拥护陕甘红军的东征，为抗日讨逆奋斗到底》、《停战议和一致抗日通电》、《抗日战线工作的开端》等社论、文章，为促进抗日民族统一战线做了宣传、鼓动。1937 年 1 月，改名为《新中华报》，成为陕甘宁边区政府的机关报。

中央苏区发行的报刊，还有《斗争》周刊，共青团机关报《青年实话》，以少年儿童为对象的《时刻准备着》半月刊。

红军报刊有总政治部 1931 年创办的《革命与战争》、《政治工作》、《红星报》；红一方面军总司令部的《红色战场》；红三军团的《红军日报》；红五军团的《猛进》；红七军 1929 年创办的《右江日报》，等等。其中销数最多、刊期最长、影响较大的是《红星报》。

和《红色中华》同一天创刊的《红星报》，由中国工农红军总政治部出版发行，邓小平任主编，1935年遵义会议后，陆定一任主编。在该报发刊词中，用"镜子"、"无线电台"、"政治工作指导员"、"红军俱乐部"等作比喻，形象地说明了报刊在政治教育、指导工作、提供消息、文化娱乐等方面的重要作用。为了坚持"实事求是，情趣一体"的办报方针，邓小平亲自编辑稿件和编排版面，在已有"社论"、"要闻"、"专电"、"战绩"、"前线通讯"、"国际时事"等栏目外，又开辟了"列宁室"、"战争问题"、"红军生活"、"军事常识"、"俱乐部"等十多个专栏，版面新鲜、活跃。周恩来、博古、朱德、陈云、彭德怀、陈毅、王稼祥、洛甫等常为该报撰写社论和文章。毛泽东曾用"子任"的笔名为《红星报》写过通讯《吉安的占领》。罗荣桓、肖华、张爱萍等是《红星报》写稿最多的通讯员。长征路上条件艰苦，《红星报》仍坚持出报，油印每期 700 余份，被誉为"革命的喇叭"。

5 邹韬奋和《生活》周刊

民族危难日深，蒋介石仍在执行其"攘外必先安内"反动政策，国民党统治区许多新闻记者，不畏黑暗势力的压迫，为抗日救亡而奔走呼号，邹韬奋就是他们中间最杰出的代表。

邹韬奋 1895 年生于福建长乐县，原名邹思润，祖籍江西余江县，1912 年入上海南洋公学。读中学时即为《申报》、《学生杂志》撰稿。他十分喜爱梁启超、黄远生写的文章、通讯，立志做一个新闻工作者。1921 年大学毕业后到中华职业教育社工作。

1926 年 10 月，邹韬奋担任了《生活》周刊主编。他还主编过《大众生活》周刊、《生活日报》、《生活星期刊》、《抗战》三日刊、《全民抗战》、《大众生活》香港版。他积极宣传抗日和民主的主张，遭到国民党反动派的迫害，曾三次被迫流亡，一次关进监狱，1944 年 7 月患癌症病逝。

《生活》周刊是中华职业教育社的机关刊物，1925 年 11 月在上海创刊，旨在传播职业消息，宣传谋生之道，销数仅 2000 多份。邹韬奋接办后，重视提倡青年的职业修养，如才干、见识、体魄、耐劳苦、有礼貌、无恶嗜好等。他还注意加强刊物和读者的联系，开辟了"读者信箱"。他不厌其烦地翻检读者来信，认真回复，每年收信在两三万封。每期还为此精心写作一篇"小言论"。《生活》周刊信誉倍增，1930 年突破 8 万份，1933 年达到 15.5 万份。此时的邹韬奋，虽具有极强的敬业精神，但由于受资产阶级改良主义的影响，还寄希望于"力求政治的清明"和"实业的振兴"。

1931 年日本侵略军制造九一八事变。邹韬奋对帝国主义的侵略本质有了深刻的感受，常和胡愈之、毕云程、艾寒松等朋友讨论形势，议论阶级、民族、生产力和生产关系等问题。邹韬奋开始倾向社会主义，他在《生活》周刊上刊发的《我们最近的思想和态度》一文中认为"资本主义的社会制度终必崩溃……社会主义的社会制度终必成立"。他在《生活》周刊发起捐款，支援东北义勇军。1932 年一·二八淞沪抗战时，《生活》周刊出版号外和特刊，并捐款办伤兵医院。

邹韬奋赞成社会主义制度的文章发表后，国民党军官胡宗南曾来杂志社，与他舌战 4 个钟头，最终扫兴而归。在《生活》第七、八两卷上，邹韬奋载文批评国民政府的妥协行为。1932 年 7 月，国民政府谓《生活》周刊"言论反动、毁谤党国"，下令禁止邮递。

1933 年 1 月，邹韬奋参加了中国民权保障同盟，当选执行委员。他在总结他与《生活》周刊的变化时指出：

> 《生活》周刊既一天天和社会的现实发生着密切的联系，社会的改造到了现阶段又决不能以个人主义做出发点；如和整个社会的改造脱离关系而斤斤计较个人的问题，这条路是走不通的。于

是《生活》周刊应着时代的要求，渐渐注意于社会的问题和政治问题。渐渐由个人出发点而转到集体的出发点了。

这一年6月，中国民权保障同盟副会长杨杏佛遭特务暗杀。邹韬奋也被列入暗杀的黑名单。7月14日，他被迫出国流亡，访问了苏联、英国、法国、德国、意大利和美国，带着"世界大势怎样？""中国民族的出路怎样？"的问题，他一面在各国考察政治、经济、文化，一面学习马克思主义理论，以革命思想取代改良思想。

1933年12月16日，《生活》周刊被查封。次年2月，杜重远、艾寒松创编《新生》周刊。1935年5月，该刊发表易水（艾寒松笔名）的《闲话皇帝》一文，论及日本天皇。日本借机寻衅，国民政府惧于压力，查封了《新生》周刊，判处主编杜重远1年零4个月徒刑。这起"新生事件"震动全国，激发了民众的抗日热潮。8月，邹韬奋回国，他看望了被囚禁的朋友杜重远。11月16日，邹韬奋创办了《大众生活》周刊，在《我们的灯塔》创刊词中，确定"力求民族解放的实现，封建残余的铲除，个人主义的克服"为该刊三大目标。不久，一二·九爱国运动爆发，《大众生活》详细报道了这次运动，发表了许多评论，提出"结成全国救亡联合战线"的口号，该刊深受读者欢迎，发行量达到20万份。邹韬奋在该刊第14期上发表《启事》说："我深信只有大众有伟大的力量，只有始终忠实于大众，才有真正的远大效果，我个人无论如何必始终坚决保持这个信仰，决不投降于任何和大众势不两立的反动势力。"

蒋介石派复兴社总书记刘健群、国民党中央宣传部长张道藩到上海找邹韬奋，强迫邹韬奋停止抗日活动，并以生命相威胁。邹韬奋十分气愤地对他们说："我不参加抗日救亡运动则已，既参加救亡运动，必尽力站在最前线，个人生死早置度外。"蒋介石再令杜月笙出面，说要请韬奋赴南京和蒋介石"当面一谈"。邹韬奋拒绝后，被迫流亡香港。1936年2月，国民政府封闭了《大众生活》。邹韬奋在被迫停刊的第16期上又发表《启事》，他沉重而又坚定地表示："我个人既是中华民族的一分子，共同努力救此垂危的民族是每个分子应负起的责任，我决不消极，决不抛弃责任，虽千磨万折，历尽艰辛，还是要尽我的心力，和全国大众向着抗敌救亡的大目标继续迈进。"

1936年6月，邹韬奋在香港创办了《生活日报》。7月15日，他与沈钧儒、陶行知、章乃器在《生活日报》上联合发表了《团结御侮的几个基本条件与最低要求》，在国内引起强烈反响。8月10日，毛泽东代表中共中央和中央苏维埃政府给邹韬奋、沈钧儒等四人写了一封信，肯定和赞赏该文的写作，认为文章代表了全国多数不愿做亡国奴的民众的意志和要求。该报增刊还以《民族解放的人民阵线》、《人民阵线与关门主义》为题，刊载了刘少奇（署名莫文华）的两封信。刘少奇在第一封信中寄语《生活日报》："我认为贵刊应成为救国人民阵线的指导者与组织者，成为千千万万各种各色群众的权威的刊物"。

1936 年 8 月，邹韬奋从香港回到上海，不久创办了《生活星期刊》。他和救国会的领导人积极进行抗日救亡宣传，组织、领导上海的抗日救亡运动。这年 11 月 22 日深夜，国民政府突然逮捕了邹韬奋和沈钧儒、李公朴、沙千里、史良、章乃器、王造时 7 位救国会负责人。在全国人民正义舆论压迫下，七君子于 1937 年 7 月 31 日获无罪释放。

五　血雨腥风却有涯

1　七七事变前后的抗日救亡报刊

1935 年，日本军队在华北制造事端，频频进犯。国民政府且战且和，屈辱妥协。北平爱国学生于 12 月 9 日示威游行，请求国民政府抗日。以学生为主的抗日救亡报刊纷纷创办，投入爱国洪流。如北平学联的《学联日报》、燕京大学的《燕大周刊》、北京大学的《北大周刊》、清华大学的《觉民报》等。

创办时间长、影响大的《燕大周刊》出版了《一二九特刊》11 期（三天一期），及时反映北平学生情况，推动了运动的进展。中共地下党员、燕大学生自治会执行委员会主席黄华和陈翰伯、刘克夷、赵荣声等，先后主持过该刊的出版工作。1936 年 12 月，《燕大周刊》连续刊登了埃德加·斯诺撰写的《毛泽东访问记》，引起北平各界重视。

在中共北平地下党组织领导下，北平各群众团体出版了《华北烽火》、《长城》、《中国人》、《民族解放》、《活路》、《华北呼声》、《北平妇女》等报刊。

在上海，邹韬奋不顾国民政府的查禁，先后创办了《大众生活》、《永生》和《生活星期刊》。李公朴主编了《读书生活》，曾连载艾思奇的《大众哲学》，深受青年读者欢迎。《永生》周刊主编金仲华主编了《世界知识》。沈兹九主编了《妇女生活》。

由成舍我创办的《立报》，1935年9月20日在上海发刊。张友鸾、萨空了任主编，共产党员恽逸群任该报国际新闻版主编，徐迈进任社会新闻版主编。《立报》虽是四开小报，但由于他们采用"大报小型化"的办法，篇幅浓缩而概括精练。该报曾详细报道当年的一二九学生运动，1936年"七君子案"和西安事变，1937年八一三淞沪抗战。上海沦陷后该报停刊。

这一时期，上海的一些西文报纸，如《字林西报》、《密勒氏评论报》、《大美晚报》也时常报道抗日救亡运动，并透露了红军北上抗日的消息。

1935年12月9日，中共中央驻共产国际代表团主办的《救国时报》在法国巴黎创刊。该报前身《救国报》曾全文转载了中国共产党的《为抗日救国告全体同胞书》（即《八一宣言》）。后被法国政府查封。《救国时报》由廖焕星、李立三、陈潭秋、张报、赵毅敏等主持编辑出版。设"要闻"、"社评"、"时评"、"文件转载"、"侨胞生活"、"读者来信"等栏目。该报先在莫斯科编好稿件、排版，打成纸型寄往巴黎，吴玉章、吴克坚负责印刷，通过艾寒松与国内联系。它在国外发行43个国家2万份，在国内发行1万份。《救国日报》的宗旨是"不分党派，不问信仰，团结全民，共同救国"。主要任务是宣传中共的抗日民族统一战线政策。该报广泛报道海内外的抗日救亡运动,既刊登毛泽东、张闻天、王稼祥、陈云、林伯渠、彭德怀、吴玉章等共产党领导人的文章,也刊载宋庆龄、何香凝、冯玉祥、孙科、程潜、李宗仁、陈铭枢、蔡廷锴等国民党人士的文章和演说。该报发表许多社论,详细阐述了中国共产党关于建立抗日民族统一战线的主张与政策。并发表许多社论、文章,论证了第二次国共合作的可能性和必然性。该报第 62 期从"敌之所忌,我之所利"的角度,分析中国的形势,说明国共合作的重要性:

> 日寇所忌的是我国的团结,我们所利的就是全国一致抗日的团结;日寇所忌的是我国的红军,是一切反日力量与红军的联合,我们所利的也就是国共合作,南京军及其他一切军队与抗日红军的合作;日寇所忌的是全国人民的反日运动,我们所利的就是发展全国人民的反日运动;日寇所忌的是中国与苏联的亲善,中、英、美、苏四国的妥协,我们所利的就是联合国际上一切主张正义和与日寇冲突的国家;日寇所忌的是我们的抗战,而我们求生的唯一出路就是抗战。

1936 年夏该报转载了沈钧儒等四人发表在上海《生活日报》上的《团结御侮的几个基本条件与最低要求》的公开信,同时发表了毛泽东给沈钧儒等四人的回信，在国内外引起很大反响。该报还报道过东北抗日联军的活动，连载过行恭的《江西苏维埃区域回忆录》、杨定华的《雪山草地行军记》、《从甘肃到山西》和美国著名记者埃德加·斯诺的《一个非常的伟人——毛泽东》、《少年的长征》。该报还出版纪念增刊《纪念方志敏烈士被捕一周年》、《瞿秋白殉难一周年纪念》等。

1937年七七事变后，《救国时报》发表社论，号召"全体同胞一致奋起，抱宁为玉碎，不为瓦全之决心，实行全国总抵抗之动员，准备全国之总抵抗"。1938年2月，《救国时报》出到第152期后停刊。

尽管在北平、上海，国民政府查禁抗日救亡报刊，但封闭、限制都是徒劳的，中华民族日益深重的危险使更多的新闻记者警醒，他们要为抗日救亡，为促进抗日民族统一战线的建立奔走呼号。范长江是他们中间的代表。他于1936年底至1937年初访问了中国的西南部和西北部。

范长江（1909～1970），原名希天，四川内江人。青年时喜爱新闻工作，曾为北平《晨报》、天津《益世报》撰稿。1934年入天津《大公报》。1935年7月去中国西南、西北考察。他历时10个月，行程4000余里，不畏艰险，先后到过四川、陕西、甘肃、青海、宁夏、内蒙古等广大地区。范长江向读者介绍了西北地区贫困落后和各民族的劳动、生活状况，介绍了中国工农红军二万五千里长征的概况，在国内引起极大轰动。他的通讯后来汇集成《中国的西北角》和《塞上行》两书，深受读者欢迎。

1937年七七事变爆发，日本帝国主义开始了全面的侵华战争。由于北平、天津的沦陷，上海成为全国抗日救亡运动的重要城市。8月13日，日本侵略军进攻上海，上海各界的救亡报刊纷纷创办。8月25日，由茅盾、巴金主办，由《文学》、《文季》、《中流》、《译文》四杂志联合编辑的《呐喊》周刊创刊（第2期后改名《烽火》）；9月1日，由金仲华、沈兹九、张志让、张仲实等主编，由世界知识、妇女生活、中华公论、国民周刊四家杂志社联合出版的《战时联合旬刊》创刊；同日，由艾思奇等主编，上海编辑人协会主办的《文化战线》旬刊创刊；9月5日，《战时妇女》五日刊创刊；9月13日，由艾思奇、章汉夫等主编的《战线》五日刊创刊；9月20日，由华君武等主编、上海各界抗战后援会漫画界救亡协会出版的《救亡漫画》五日刊创刊；9月25日，由生活教育社编辑的《战时教育》旬刊创刊；10月10日，由上海市职业界救亡协会主办，沈钧儒、沙千里、茅盾为主要撰稿人的《救亡周刊》创刊。上海各大报，如《申报》、《大公报》、《新闻报》也及时报道抗战新闻、战地通讯。其中影响最大的是1937年8月份创刊的《救亡日报》和《抗战》三日刊。

上海《救亡日报》创刊于1937年8月24日，由上海文化界救亡协会主办，郭沫若任社长，夏衍任总编辑，樊仲方、汪馥泉、茅盾、巴金、阿英、林林等任报社具体负责人和编委。该报是全面抗战初期第一张由共产党领导的抗日民族统一战线的报纸。

《救亡日报》以宣传抗日、团结、进步为宗旨，设"特稿"、"战局鸟瞰"、"国际动态"、"时评"、"救运特写"、"救运短讯"、"专论"、"战地采访"、"地方通信"及文艺副刊。该报刊登过彭德怀的《论游击战争》等文，报道了平型关战斗，刊载蒋介石有关抗战战略策略的言论和淞沪战场左翼军总司令陈诚的《告官兵书》等文。在谢晋元坚守四行仓库的专刊、专页上，发表了林林的诗《八百壮士礼赞》、赵景琛的京韵大鼓《八百英雄》、艾芜的小说《八百勇士》和田汉的《敬献给我死守闸北之忠勇将士》一文的手迹等，赞扬、歌颂八百壮士。郭沫若亲自到淞沪抗战前线采访，并在该报撰写《到浦东去来》、《前线归来》等战地通讯和抗战诗歌。他的文章充满激情，极富感染力。宋庆龄为该报写过社论，何香凝写过诗词，冯玉祥写过抗战诗，李公朴写过战地通讯。该报在编辑上独具匠心，在刊登评论、通讯的同时，还刊载散文、诗歌、报告文学、戏剧、小品、新闻特写、前线访问记等，被称为"报纸杂志化"。在10月19日鲁迅逝世一周年时，该报出版了《鲁迅逝世周年纪念特辑》，郭沫若的《鲁迅并没有死》和许广平的《纪念鲁迅与抗日战争》等文章，把纪念活动和抗日救亡联系起来。《救亡日报》因上海陷落而被迫停刊，郭沫若在"终刊号"上发表终刊词《我们所失掉的只是奴隶的镣铐》，向上海人民宣告："上海光复之日，即本报与上海同胞再见之时。"

《抗战》三日刊创刊于1937年8月19日，由邹韬奋主编。9月9日出第7号时被迫改为《抵抗》三日刊，11月23日从第29号起恢复原名。该刊设"社论"、"社评"、"时评"、"随笔"、"杂感"、"漫画"、"木刻"、"战局一览"等栏目。金仲华、张仲实、胡愈之、潘汉年、钱俊瑞、冯玉祥、张志让、杜重远、章乃器、柳湜、胡绳、刘良模、范长江、曹聚仁、陆诒等曾为该报撰稿。

《抗战》三日刊在创刊号上宣布其任务，"一方面是要直接间接和抗战有关的国内和国际形势，作有系统的分析和报道"，"又一方面是要反映大众在抗战期间的迫切要求"。邹韬奋在创刊号撰写了《上海抗战的重要意义》的社评，指出中国"的确能够抵抗侵略"。该刊配有战事地图的"战局一览"和战地通讯最受读者欢迎。它对淞沪战场情况的报道及对我军战略战术得失的分析较为准确，《我军退守第二道防线》、《我军各线后退的观察》等文章认为："我军的后退，是由于敌军几次采用外线迂回战略……这是不得已的后退，在战略上并无错误；不过许多据点放弃得过速，似乎对于牵制敌后的战略，并没有经过适当的布置。"在分析我军于津浦线、平汉线后退的缺点时认为："简单说来，是我军的作战不是主动的，而是被动的；是各线单独为战的，而不是使各线相互配合起来的。"钱俊瑞的《抗战进入新阶段》一文，指出应从军事上暂时失利阶段"跨出来，走向可能部分胜利的新阶段去"。

在动员民众参加抗日救亡运动，宣传全面抗战问题上，《抗战》三日刊陆续发表了许多文章，如王任叔的《军政与民众》，潘汉年的《全国抗战释》，胡绳的《战争时期的文化界》，艾思奇的《文化在抗战中》，仲持的《知识分子的当前责任》，恽逸群的《组织农民的主要问题》，胡子婴的《怎样动员全中国的妇女》，李公朴的《全国动员告国人书》，等等。

该刊刊登了《朱德等就职抗战通电——坚决抗战 众志成城》一文和有关平型关大捷的报道；刊载了宋庆龄的《国共统一运动感言》、邹韬奋的《全国团结的重要表现》，强调第二次国共合作是抗战持久和走向胜利的重要保障。该刊针对汪精卫等的妥协投降谬论，发表了邹韬奋的《战的反面》、胡愈之的《谨防疫病》、潘汉年的《提高民族的警觉性》、《加强我们的团结》等文章。邹韬奋指出："'和平'的本身，谁也不反对，但是丧权辱国甚至亡国灭种的'和平'，却是我们所极端反对的。""战的反面"是"中国的道地十足的沦亡，是四万万五千万的中国人变成四万万五千万的奴隶！这代价是我们所万万无法支付的"。

《抗战》三日刊还发表冯玉祥、沈钧儒、郭沫若、何香凝、关露、苏荣、钱亦石等人的诗作。

该刊出至第 29 号时上海沦陷，迁往武汉。

② 上海沦陷后的国统区报刊

随着上海、南京的先后陷落，武汉成为抗战的前线。武汉抗日救亡运动空前高涨。据不完全统计，从卢沟桥事变至 1938 年 10 月武汉沦陷这一年多时间，在武汉出版的报纸、杂志约有 140 余种之多。

除了原来就在武汉出版的《武汉日报》、《扫荡报》、《华中日报》、《武汉时报》等，还有天津迁来的《大公报》，上海的《申报》、《抗战晚报》、《士兵报》等。新创办的则有《新华日报》、《尚理日报》、《前进日报》等。

《武汉日报》是国民党武汉地区的机关报，《扫荡报》原为国民党军事系统的报纸，受形势影响两报明显转向抗日宣传。由陶希圣等国民党人创办的报刊还有《民意》、《血路》、《前卫》、《抗战向导》、《中国战时社会特刊》等。

《申报》在武汉复刊不久即迁往香港。《大公报》于 1937 年 9 月 18 日在汉口复刊，曹谷冰任社长，许萱伯任总编辑，范长江、徐盈、子冈、高天、秋江、萧乾等均云集《大公报》，记者阵容强盛。

这一时期在武汉出版的杂志种类很多，主要有以下十几种：

《群众》周刊，抗日战争时期中国共产党在国民党统治区公开出版的第一个刊物，1937 年 12 月 11 日创刊，由潘梓年编辑。

《战时青年》半月刊，1938 年 1 月 10 日创刊，中共中央南方局青委主办，何仲觉编辑，蒋南翔、杨学诚、范寿康、马哲民等曾为该刊撰文。

《全民抗战》三日刊（由《全民周刊》与《抗战》三日刊合并），1938 年 7 月 6 日创刊，由柳湜、邹韬奋主编。该报主张实行全面抗战，宣传上注意通俗性与系统性，并请专家撰写政治、军事、国际时事特稿。

《民族战线》周刊，1937 年 11 月创刊，由邓初民、孔庚、黄松龄、马哲民等创办，因拥护中共提出的建立抗日民族统一战线而定名。

《中国农村》战时特刊，1937 年 10 月创刊，半月刊，由中国农村经济研究会主办，薛暮桥主编，侧重于研究抗战中的农民等问题，徐雪寒、孙晓村、冯和法、千家驹等为撰稿人。

《战时文化》半月刊，1938 年 1 月创刊，张申府主编，是国民政府政治部三厅战时文化社的刊物，柳湜、嵇文甫、胡绳等为撰稿人。

《反攻》半月刊，1938 年 1 月 16 日创刊，是高崇民、阎宝航领导的东北救亡总会宣传部主办的刊物，于毅夫、张佐华、刘砥芳先后任主编，张友渔、关梦觉、王若华、刘清扬为撰稿人。

《民主》半月刊，1938 年 6 月创刊，彭文应、陈楚云合编，罗隆基、孟宪章、王造时等为撰稿人。

《前敌》周刊，1938 年 7 月 18 日创刊，由国民政府"战士文化服务处"编印。

《抗战新闻》周刊，1938 年 8 月创刊，王向予、陈北鸥任主编，张申府、钱俊瑞等任编辑委员。

《国民公论》旬刊，1938 年 9 月 11 日创刊，张仲实主编，胡愈之、钱俊瑞、张志让等为撰稿人。

此外，还有《中苏文化》抗战特刊、《反侵略》周刊、《新学识》半月刊、《救中国》周刊、《抗到底》半月刊，等等。

这一时期武汉出版的最有影响的报纸是《新华日报》。

《新华日报》是抗日战争时期中国共产党在国民党统治区公开出版的第一张机关报，创刊于1938年1月11日，潘梓年任社长兼总编辑，后华岗任总编辑，熊瑾玎任总经理，章汉夫任编辑主任，吴敏、石西民、何云、楼适夷负责各版栏目编辑。该报《发刊词》说：

> 本报愿在争取民族生存独立的伟大斗争中作一个鼓励前进的号角。为完成这个神圣使命，本报愿为前方将士在浴血的苦斗中，一切可歌可泣的伟大的史迹之忠实的报道者记载者；本报愿为一切受残暴的寇贼蹂躏践踏的同胞之痛苦的呼吁者描述者；本报愿为后方民众支持抗战之鼓动者倡导者……于今团结初成之时，本报将尽其所能为巩固与扩大抗日民族统一战线而效力。

1938年4月7日，国民政府军队取得台儿庄大捷。4月8日，《新华日报》发表《庆祝台儿庄胜利》的社论。5月，毛泽东在延安发表了《抗日战争的战略问题》，作了《论持久战》的著名讲演。《新华日报》于6月21日刊登了毛泽东的文章，又出版了《论持久战》的单行本，使广大民众对抗战的长期性有了正确的认识，李宗仁、白崇禧等国民党高级将领还把这本著作发给下级干部阅读。

该报不仅宣传、报道中国共产党的抗战主张和抗日根据地的抗战概况，而且对国民党正面战场战况发展也给予客观的报道，还刊载沈钧儒、张澜、黄炎培、史良等著名民主人士评论时局、批评国民政府的文章。

1938 年 10 月 25 日武汉沦陷前夕，周恩来来到报社，为武汉《新华日报》最后一期写了社论，他等到报纸印出，送走报社最后一批同志后才离开武汉。

武汉陷落后，重庆成为国民党统治区的政治文化中心和新闻宣传中心。仅重庆一个城市的报刊，即近1000 种，居全国首位。抗战前在重庆出版的报纸有《国民公报》、《商务日报》、《新蜀报》、《大江日报》等。抗战初期迁重庆出版的报纸有《新民报》和《中央日报》（南京），《时事新报》（上海），《新华日报》、《大公报》和《扫荡报》（武汉）。抗战时期在重庆新创办的报纸有《星渝日报》、《西南日报》、《重庆各报联合版》、《正气日报》、《市民周刊》、《中学生导报》，等等。较有影响的刊物有《中央周刊》、《民意》、《新知识》、《中国青年》、《妇女运动》；中共南方局机关刊物《群众》周刊和进步刊物《全民抗战》、《战时青年》；文艺刊物有《抗战文艺》、《中原》、《文艺阵地》、《文艺先锋》，等等。

这样多的报刊，以抗日救亡为宗旨，集合在抗日民族统一战线旗帜下，无疑对于推动和促进国民政府坚持抗战，反对妥协和分裂起到十分重要的作用。《新民报》创刊号上宣称：

目前任何工作莫急于救亡图存，任何意见莫

先于一致对外，凡无背于此原则者，皆应相谅相助，协力共勉。本报以南京旧姿态，出重庆之地方版，相信抗战无前方后方之分，救亡安有中央和地方之别。战局虽促，但我们必须坚定必胜之信念；社会间虽不免有摩擦，但吾人则认定民族统一战线高于一切。其原则，在能以抗日、反帝、反封建、反汉奸为出发点，而以民主集中一切力量方能肃清内部矛盾，坚强抗战之实力。

可以说，在重庆的绝大多数报刊都抱着以上这种认识。中国共产党南方局主办的《新华日报》更是站在抗日救亡和抗日民族统一战线的前列，团结各党派同仁，努力奋斗。在长达7年的重庆办报过程中，《新华日报》经受了严峻的考验。

国民党发动三次反共高潮，以严格新闻检查制度为名，对《新华日报》行禁订、销毁、扣压、寻衅等手段。1941年皖南事变发生后，周恩来在重庆针对国民党破坏团结抗战的罪行，写了一篇《团结起来打敌人》的"代论"，并令《新华日报》发表关于皖南事变真相的报道和一篇反对国民政府取消新四军番号命令的评论，均遭国民党新闻检查所扣押。1月18日，《新华日报》以"开天窗"（即为抗议国民党新闻检查机关删、撤的稿件在报上所留一块或两块空白处）的方式，把周恩来于悲愤交加中写的悼词"为江南死国难者致哀"和挽诗"千古奇冤，江南一叶；同室操戈，相煎何急"刊登在"开天窗"处，抗议、揭露了蒋介石的罪行。

《新华日报》经常刊载郭沫若、沈钧儒、陶行知、沈雁冰、黄炎培、马寅初和冯玉祥、杨杰等的文章和记者访问记。1943年，蒋介石出版《中国之命运》，《新华日报》刊登国民党资深参政员张一麐斥责袁世凯的罪恶史料，以揭露蒋介石封建独裁的反动本质。

在国际评论方面，章汉夫、乔冠华、石西民、熊复、张友渔、吴敏等为主要作者，毕朔望、戈宝权等从事编辑、资料工作。其中乔冠华以"于怀"笔名撰写的述评文字流畅，分析深刻，给读者留下较深的印象。茅盾、郭沫若、夏衍、何其芳等积极为该报副刊撰稿。该报开辟了《读者园地》、《生活一角》、《新华信箱》、《社会服务》、《工人园地》、《青年生活》、《妇女之路》、《文艺之页》、《科学专页》、《日本研究》等多种栏目与专刊，深受各界读者欢迎。

抗日战争时期国统区另一重要的抗日救亡宣传文化中心是广西桂林。广西是与蒋介石有矛盾的桂系所在地，中国共产党在这里较好地开展了统战工作，民主空气要强于重庆，因此在北平、上海、武汉、广州等大城市沦陷后，大批进步的文化人云集桂林，使桂林的新闻、出版、文学、戏剧、教育等事业空前繁荣，享有"文化城"之盛誉。

中国共产党在桂林设立了八路军办事处、《新华日报》桂林营业处。《救亡日报》于广州失陷后迁到桂林复刊。除原有的《广西日报》，在桂林复刊、创刊的报刊还有《力报》、《扫荡报》、《桂林晚报》、《国民公论》、《文化杂志》、《野草》等。

在众多报刊中，《救亡日报》的地位举足轻重。《救亡日报》1939年1月10日在桂林复刊，社长郭沫若，总编辑夏衍，经理翁从六，林林、廖沫沙、周钢鸣、彭启一、陈紫秋、华嘉、高灏、高汾等任编辑、记者。该报根据周恩来的指示，以超党派的面貌出现，办成一份左、中、右三方面都喜欢看的报纸。对蒋介石和国民政府突出报道其抗战言行，创刊两周年时再次发表蒋介石的题词"精诚团结"和孙科的题词"屈服必遭宰割，抗战乃能救亡"。该报多次报道桂系将领英勇抗战的事迹，大量刊登施复亮、陈此生、王造时、黄琪翔、柳亚子等爱国民主人士的文章，宋庆龄、何香凝、邹韬奋、陶行知等亦为该报撰文。

《救亡日报》积极报道中国共产党的抗日活动和主张，报道八路军作战情况和反扫荡战果。

在蒋介石制造反共摩擦时，《救亡日报》坚持斗争，夏衍巧妙地在民主主义口号下，写出宣传中共抗战路线的社论《遵行中山先生遗教》，《民众的力量大于一切》、《加强团结争取胜利》等。他还撰写揭露、抨击汪精卫汉奸集团的文章《汪政权的真相》、《粉碎汪逆的伪宪政》等。

1941年1月，《救亡日报》因拒绝刊发国民党中央社诬蔑新四军是"叛军"的稿件，在2月28日被禁止出版。

国民党还有一家在抗日战争时期表现很好的报纸，这就是1937年11月9日创刊于郑州的《大刚报》。

《大刚报》社长是毛健吾，他在国民党第二集团军总司令刘峙的指导下，办起该报。1938 年 5 月郑州失守，带兵撤退的刘峙无心过问报纸，紧接着国民党中宣部停发经费，令其停刊。在几重压力下，毛健吾决定把报社迁往湖南衡阳，"流自己的汗，吃自己的饭，办自己的报"。

从 1938 年到 1944 年，《大刚报》经历了长沙大火和敌机三次轰炸的磨难。1938 年长沙大火后，日军步步南侵，1938 年 11 月 13 日晚，毛健吾召集报社职工开会，他沉重而又坚定地说："我们现在再没有第二条路走，只有和敌人拼了，把报纸出到最后一张，到时如衡阳不守，就把机器砸了，我带领大家一道打游击去。"

为了使报纸办得有起色，在抗日民族统一战线影响下，毛健吾不分党派，唯才是取，他在同共产党领导的国际新闻社联系后，大胆任用中共地下党员和进步人士到报社工作并任要职。1941 年，他聘用国新社的王淮冰为总编辑。1942 年聘用羊枣为总编辑，以后还任用过俞颂华和叶启芳，使该报成为国共合作、坚持抗日的有影响的国民党报纸。

8 延安和抗日根据地报刊

抗日战争时期，中共中央所在地延安和陕甘宁地区的报刊，取得极大的发展，出版报纸近 20 种，刊物 60 余种，为宣传中国共产党的方针政策，促进和发展以国共合作为基础的抗日民族统一战线，推动抗日战争的胜利发展，作出重要的贡献。

1937 年春，中共中央在延安成立了张闻天、秦邦宪、周恩来、凯丰参加的中央党报委员会。不久，中共中央理论机关刊物《解放》周刊创办。1939 年 2 月 7 日，原《新中华报》在延安出版新版第一号，成为党中央机关报。同年，《八路军军政杂志》和《共产党人》月刊创办。《中国青年》、《中国妇女》、《中国文化》、《中国工人》、《边区群众报》等亦先后创办。毛泽东十分重视这些报刊，曾为《共产党人》、《中国工人》撰写发刊词，在《中国文化》创刊号上发表了《新民主主义论》。

1941 年 5 月，中共中央决定，将《新中华报》和《今日新闻》合并，改名为《解放日报》，成为新的中共中央机关报。在 5 月 16 日该报诞生的发刊词中明确宣布："本报之使命为何？团结全国人民胜利战胜日本帝国主义一语足以尽之。这是中国共产党的总路线，也是本报的使命。"

《解放日报》第一任社长是秦邦宪，后为廖承志。第一任总编辑是杨松，后为陆定一、余光生。艾思奇任副总编辑。丁玲、吴冷西、李锐、赵毅敏等曾在报社工作。

该报创刊不久，苏德战争爆发。6 月 25 日、26 日，《解放日报》发表《为反法西斯的国际统一战线而斗争》和《世界政治的新时期》两篇社论，并公布中共中央 6 月 23 日关于提出动员各国人民组织国际统一战线的主张的指示精神。

毛泽东为《解放日报》撰写了大量的社论、评论。他的《改造我们的学习》、《整顿党的作风》、《反对党八股》、《在延安文艺座谈会上的讲话》等重要著作，都是首先在该报上发表的。

1942 年，为了更好地贯彻党中央的路线、政策，《解放日报》于 4 月 1 日宣布改版，第一版以刊登解放区要闻为主，第二版是陕甘宁边区版，第三版是国际版，第四版是副刊和各种专论。这一年 8 月，曾主编过《中国青年》、《红星报》和《学习》的陆定一调《解放日报》任总编辑，8 月底，中共中央决定《解放日报》又为西北局机关报。

《解放日报》从 1942 年 4 月 30 日的社论《边区农民向吴满有看齐》开始，到 1943 年 6 月，共报道介绍陕甘宁边区先进人物 600 人以上。1944 年 1 月该报在第二版又开辟了"边区生产运动"专栏，连续三个多月几乎每日介绍一名劳动模范。

1943 年 6 月，国民党发动第三次反共高潮，《解放日报》揭露、抨击国民党的封建独裁专制，开展了长达 160 余天的两党关于"中国之命运"的大论战，该报发表了毛泽东的《质问国民党》、《评国民党十一中全会及三届二次国民参政会》，陈伯达的《评〈中国之命运〉》，范文澜的《谁革命？革谁的命？》等，驳斥了蒋介石在《中国之命运》一书中对中华民族、中国社会历史的歪曲和对中国共产党的诬蔑，有力地批判了蒋介石一党专政的独裁理论。

延安以外，晋察冀、晋冀鲁豫、晋绥、山东、华中地区、华南地区及东北抗日联军和地下党创办的报刊，据统计有 1000 余种。

晋察冀边区有《战士报》、《子弟兵报》、《抗敌画报》、《救国报》、《边区导报》、《战斗报》、《冀中抗敌报》、《冀中导报》，等等。其中最重要的报纸是《晋察冀日报》。

《晋察冀日报》前身为《抗敌报》，1937 年 12 月 11 日在河北阜平创刊，初是油印，第 13 期时改 3 日刊，1938 年 8 月改为铅印，2 日刊，1940 年 11 月 17 日改名为《晋察冀日报》，成为中共晋察冀分局的机关报。

邓拓（1912～1966），福建闽侯人。1930 年入党。曾任《战线》（晋察冀边区省委党刊）编辑、《抗敌报》编辑主任、晋察冀日报社社长兼总编辑。1949 年秋任中共中央机关报《人民日报》总编辑。1956 年任中华全国新闻联合会主席。1957 年 6 月改任人民日报社社长。1958 年任中共北京市委书记兼《前线》主编。曾写作《燕山夜话》，与吴晗、廖沫沙合著《三家村札记》。1966 年 5 月 18 日遭迫害去世。

《晋察冀日报》条件极为艰苦，因为晋察冀边区经常遭受日本军队的疯狂扫荡，报社在邓拓带领下，带着轻便印刷机、电台，流动转移，坚持出报。该报结合边区抗战生活实践，设了《大众园地》、《边区生活》、《战时民运》、《文化思想》、《农村经济》等副刊，《老百姓》和《子弟兵》两个副刊办得尤为出色。

邓拓不仅指导、检查报社同志编写，而且经常亲自撰写社论，积极热情宣传毛泽东思想，并于1944年5月编印出版了五卷本的《毛泽东选集》。

晋冀鲁豫边区有《冀鲁豫日报》、《冀南日报》、《太岳日报》、《晋冀豫日报》、《抗战生活》等30多种报纸和38种杂志。最重要的报纸是1939年1月在山西沁县创刊的中共中央北方局机关报《新华日报》。

该报是敌后第一张铅印的大型日报，前期（华北版）社长兼总编辑是何云，后期是陈克寒。1943年10月《新华日报》改为太行版。

《新华日报》分社论、要闻、国内、国际、根据地等版，并设《新地》、《戏剧》、《新华文艺》等副刊，深受读者欢迎，发行份数曾达3万份。日军多次扫荡，妄图摧毁《新华日报》。1942年5月，日军突然奔袭辽县报社所在地，何云和报社大部分同志壮烈牺牲。

晋绥边区有《新西北报》、《黄河日报》、《晋西大众报》、《战斗报》。期刊有《西北文艺》、《中国青年》（晋西版）、《行政导报》、《战斗月刊》等。最重要的报纸是1940年9月18日在山西兴县创办的中共晋西区党委机关报《抗战日报》。

《抗战日报》总编辑赵石宾，山西榆次东阳镇人。1933年入党，曾任《学生新闻》、《民众日报》、《政治周刊》等报刊编辑，负责《抗战日报》工作后，奋发努力，积劳成疾，1942年3月病逝，年仅28岁。廖井丹、郝德青、常芝青等接任过社长、总编辑。1942年从原来的3日刊改为双日刊，提出"地方化"、"通俗化"、"杂志化"的编辑方针。同年5月又改为日刊。1944年12月，遵照毛泽东的指示，改用3个版面刊登地方新闻，着重于本地区工作的报道、评论。由于该报密切联系群众，建起1000多人的通讯员队伍，深受晋绥人民的欢迎，成为办得最好的敌后报纸之一。

山东根据地的主要报纸是1939年1月创刊的中共中央山东分局机关报《大众日报》，初为3日刊，后改日刊，刘导生、匡亚明、陈沂等曾任社长、总编辑。该报宗旨诚如发刊词所说"为大众服务，成为他们精神上的必要因素之一，成为他们自己的喉舌，成为他们所支持的最公正的舆论机关之一"。该报在艰苦的环境中一边作战，一边坚持出报，并时而组成新闻小组，冒着日军的炮火，穿插各地，收电、编报、印刷，许多干部壮烈牺牲。该报深受群众欢迎，最多时发行至几万份。

华中抗日根据地主要是新四军军部和各师创办的报刊。

1938年5月1日创刊，由冯定、江山任主编的新四军军部机关报《抗敌报》，主要副刊有"战士园地"、"文艺"等，文章短小活泼，很受广大战士喜爱。皖南事变后被迫停刊。

1940年12月2日创刊，由刘少奇、王阑西分任社长、总编辑的中共中央华中局机关报《江淮日报》，是苏北根据地第一张日报。

1938年9月30日由彭雪枫创办主持了新四军第四师机关报《拂晓报》。彭雪枫在《发刊词》中说：

"'拂晓'代表着朝气、希望、革命勇敢、进取迈进有为、胜利就来的意思。军人们在拂晓要出发，要进攻敌人了，志士们在拂晓要奋起，要闻鸡起舞了。"

各地区、新四军各师的主要报刊还有《抗战报》、《苏中报》、《抗战杂志》、《苏中画报》、《抗敌报》、《先锋报》、《先锋杂志》、《盐阜报》、《人民报》、《拂晓画报》、《七七报》、《老百姓》、《大众报》、《江南》半月刊、《武装报》，等等，不下 100 种。

✿ 沦陷区与上海"孤岛"报刊

日军占领华北、华中、华南大片中国领土后，进步的报刊业受到严重摧残。有的报社、报人内迁西南、西北。有的改行，不为日伪张目。也有的趋炎附势，甘做汉奸，宣传起"大东亚共荣圈"了。

七七事变前，天津的《庸报》、《东亚晨报》等报社就唯日本人马首是瞻，明目张胆地为日本的侵略活动服务。北平、天津沦陷后，北平《新民报》、《华北日报》、《北平晨报》、《实报》、《全民报》等，天津的《天风报》、《天津新报》、《救国日报》等，皆为日本侵略者收买。

上海、南京陷落后，日本人收买上海《晶报》余大雄，出版日本军部和汉奸组织的机关报《新申报》、《新中国报》。1939 年，叛变投敌的汪精卫在上海创办了《中华日报》。在南京，《新南京报》、《实业新报》等日伪报刊先后创办，为日本侵华和汪伪政权制造舆论。

广州失陷后，日本南支派遣军司令部开办日本军部机关报《迅报》，特务分子唐泽信夫任社长，该报从5日刊、3日刊改为日报，向社会团体、学校的各级职员和报贩强行摊派。后又成立日文版报纸《南支日报》，这两报直至1945年日本宣告投降才停刊。伪政权机关报《民声报》、《中山日报》也在广州创办。

据不完全统计（东北地区未算），抗日战争时期沦陷区日伪报刊达六七百种。

但是，在日本军队占领上海后宣布"中立"的英、法租界，在这块被称为"孤岛"的地方却出现了抗战救国的呼声。

上海陷落后，《救亡日报》、《立报》、《时事新报》等被迫停刊。《大公报》、《申报》因拒绝日本人的新闻检查而宣布停刊。《大晚报》、《新闻报》同意接受日本人检查，不少人愤然离去。

中共上海地下党组织和进步文化人利用英法租界特殊的地位、环境，以洋商名义创办了一批抗日救亡报纸。它聘用洋人担任名义上的发行人、经理和主编。当时这类报纸称为"洋旗报"。计有《每日译报》、《文汇报》、《国际夜报》、《导报》、《通报》、《大英夜报》、《循环报》等，《新闻报》和《申报》后来也加入这个行列。其中最有影响的是《每日译报》和《文汇报》。

《每日译报》的前身为《译报》，1937年12月9日创刊，夏衍主编，梅益、林淡秋、姜椿芳等任编辑，是一份专门译载外国报刊对中国抗战时事报道述评的报纸。它报道、分析战事，透露南京大屠杀的消息，登载毛泽东和英国记者贝特兰的谈话摘要……人们说它在"浓黑里射出一股悦目的光芒"。《译报》鲜明的抗日立场引起敌伪的注意，仅仅发行 11 天，12 月 20 日即被受到日伪压力的租界当局查封了。

为继续出报，特请英国人孙特司·裴士做发行人兼总编辑，改《译报》为《每日译报》。1938 年 1 月 21 日出版。《每日译报》除译稿外，还有"社论"、"新闻"等栏目。董事长黄定慧，总编辑钱纳水（后叛变），副总编辑恽逸群，梅益、杨帆、戴平万、王任叔为各版主编。

《每日译报》经常刊登有关八路军、新四军的通讯、作战概况；转载《新华日报》、《救亡日报》的文章；连载了毛泽东的《论持久战》全文；刊发了周恩来的多次讲话。

1938 年 1 月 25 日，同样挂"洋商"招牌，名义上由英国人克明主持的《文汇报》创刊。经理严宝礼，主编胡惠生。徐铸成、柯灵等为主要撰稿人和主要编辑。在《为本报创刊告读者》文中，该报指出将"本着言论自由的最高原则，绝不受任何方面有形无形的控制"。

《文汇报》从第一篇社论《淞沪之役六周年纪念》开始，大量报道正面战场的战况，从 1938 年 3 月 19 日至 4 月 8 日，该报连续 20 天刊载津浦线战况和台儿庄大捷的新闻，极大地鼓舞了身处"孤岛"的各界民众。当南京"维新政府"成立时，3 月 29 日《文汇报》发表《无题》社评，以"南京一幕喜剧，登场人物：梁鸿志、温宗尧等。布景：国府旧址，悬五色旗。时间：昨日上午十时"等语，讽刺这些民族败类，旁边再加上一条短讯："老牌汉奸，郑孝胥死。"

《文汇报》以赞成中共建立、巩固抗日民族统一战线的态度，刊载中共六届六中全会文件和毛泽东与美国记者谈话；介绍朱德、周恩来、彭德怀、刘伯承等红军将领的事迹；追记平型关大捷；刊载《中国红军十年》、《关于八路军的话》等文章。

1939 年 5 月，《每日译报》和《文汇报》因挂牌英商被日伪收买，英领事馆即勒令停刊。

两报停刊不久，《译报周刊》亦停刊。英国人弗利特出面，于 1939 年 11 月创办了《上海周报》，总负责人张宗麟。该报曾发表柳亚子、茅盾、胡愈之、邹韬奋等人的文章和斯诺、史沫特莱等国际友人的文章；刊登毛泽东访问记、周恩来论日本新战略；介绍、报道正面战场和敌后战场的作战情况；揭露国民党策动"皖南事变"围歼新四军的阴谋，呼吁团结抗日共赴国难。《上海周报》鼓舞、激励了上海人民坚持抗日的信心和斗志，与《每日译报》一样，深深地影响着上海的青年和民众。

"孤岛"时期创办的文学刊物，如《文艺》（周一萍主办）、《文献》（阿英主编）、《文艺新潮》（钱君匋、蒋锡金等主编）、《鲁迅风》（许广平、来岚声等主办）、《文艺新闻》（蒋锡金、戴平万、黄峰合编）等，也从抗战文学、文艺理论等角度，鼓舞上海人民与敌人进行斗争。

对"孤岛"上爱国报刊的出版，敌人恨之入骨，他们采用恐吓信、绑架、暗杀报社记者等各种卑劣手段进行威胁、破坏。1938年2月20日，《文汇报》遭特务手榴弹的袭击，3人炸成重伤，陈桐轩因伤重致死。1939年2月3日，《申报》记者金华亭因强烈反对汪伪在该报登广告而遭暗杀。1939年6月，《大美晚报》副刊《夜光》主编朱惺公接到日伪特工寄来的所谓"缺席判决死刑通知"信后，在该刊奋笔疾书"余死后，余之英灵必将彪炳于云霄之上而与日月争光，照遍全中国黑暗阴霾之面，而追寻文文山、李若水（抗金名士）之魂魄，死亦无憾乎！"8月30日，朱惺公从家至报社途中，被日伪特务枪击遇难。

天津沦陷后，爱国报人秘密发行了20多种小型抗日报刊，有《炼铁工》、《高仲明记事》、《北方》、《前哨月刊》、《突击》、《抗战》、《火线》，等等。出版者冒着生命危险和多次查抄，坚持出报。《炼铁工》在天津许多工厂流行。《高仲明记事》从1937年创刊到1939年停刊，共出700余期。

5 港、台地区和海外华侨的抗日救亡报刊

七七事变前，由陈铭枢、李章达等创办的香港《大众日报》就经常向香港读者和海外侨胞报道、宣传内地的抗日救亡活动。

全面抗战爆发后，大批进步文化人士来到香港。1939 年，国际新闻社香港分社负责人范长江、胡愈之在八路军驻香港办事处和廖承志的支持下，创立了中国青年新闻记者学会香港分会，开展爱国统战活动。

1941 年初，廖承志召集夏衍、邹韬奋、范长江、金仲华等，商议筹办一份报纸。为不引起敌人注意，取名《华商报》，并请香港华北银行帮办邓文田兼总经理，邓文钊、范长江为副总经理。这一年 4 月 8 日，《华商报》正式出版。该报社论委员会做了分工：邹韬奋负责写民主运动，茅盾负责文艺问题，胡绳负责思想文化评论，金仲华、乔冠华负责国际和外交问题，张友渔负责宪政和日本动态。千家驹、张铁生、廖沫沙等亦常为《华商报》撰文。

《华商报》从创刊号起，直到 6 月 30 日，连载了邹韬奋的《抗战以来》。5 月底，发表了邹韬奋、范长江、金仲华等人的联名文章《我们对国事的态度和主张》，提出"彻底坚持抗战"、"团结更具诚意"、"民主政治必须立即施行"等 9 项主张。7 月 7 日，刊载了郭沫若、茅盾、巴金、许地山、夏衍、胡风、许广平等人署名的《致世界作家书》，呼吁全世界文化界团结起来，组成反法西斯作家联盟。这一时期，还发表了胡绳的《历史的新页》，沈志远的《论德苏战争》、《决定人类命运的大决战》，乔冠华的《现实主义与浪漫主义》、《论德苏战局》等文章。

1941 年底日军攻克香港，《华商报》停刊。

由邹韬奋主编的《大众生活》于 1941 年 5 月 17

日在香港复刊。邹韬奋在复刊词中说他复刊是为了"使分裂的危机根本消灭，巩固团结统一，建立民主政治，使抗战坚持到底，以达到最后的胜利"。金仲华、茅盾、沈志远、胡绳、千家驹任编委。

在香港沦陷前，茅盾主编的《笔谈》半月刊、俞颂华主编的《光明报》、救国会主办的《救国月刊》、张铁生主持的《青年知识》等报刊，也对香港的新闻报刊业有较大的影响。

抗日战争时期，长期遭受日本帝国主义侵略、压迫的台湾人民，奋起抗战，在大陆的台胞创立报刊，进行抗日救亡宣传。

1940 年 4 月 15 日，在浙江金华，台湾义勇队创办了《台湾先锋》月刊（后改为不定期），李友邦主编。该刊主要宣传台湾革命历史，探讨台湾革命运动的理论，报道台湾义勇队、台湾少年团的抗日活动。出至10 期停刊。1943 年元旦，台湾义勇队在福建龙岩创办《台湾青年》旬刊（后改周刊），牛光祖主编。该刊旨在"保卫祖国，收复台湾"，鼓励青年"以重心度量事物"，"以坚贞滋长革命"，"以团结争取进步"，"以纪律健全组织"，"以赤诚开拓前途"……在当时台籍青年中颇有影响。

晚于《台湾青年》创刊的《新台湾画报》，是由总部设在重庆的台湾革命同盟会创办的，社长谢南光、主编林啸鲲，1943 年 4 月 15 日出版。《新台湾画报》旨在建设新台湾，推翻日本帝国主义的统治，并揭露日本对台湾人民政治、经济、文化等方面的侵略、压榨。

1945年4月，台湾革命同盟会又创办了《台湾民声报》，连震东任主编。该报以光复台湾为宗旨，并提出五大任务：

第一，唤起台胞爱护民族的情绪，加强团结，严密组织，待机奋起，响应盟军登陆，推翻日本殖民统治。

第二，揭露日寇的暴行。

第三，报道台湾岛动态和民俗风情。

第四，帮助大陆人民了解台湾人民的心态、理想与奋斗目标。

第五，消除部分大陆民众对台湾民众的误解。

烽火连三月，家书抵万金。祖国人民同仇敌忾的抗日战争，得到海外侨胞的大力支持，他们无时无刻不在关注着中国的抗战和国家、民族的前途。他们出资捐助武器、药品、汽车；他们派医疗队回到祖国服务；他们送儿子回国参战；他们也创办了许多抗战报刊。据国民政府侨委会统计，1940年世界各地的华侨报纸从1935年的84种，增加至128种，到太平洋战争爆发前增至135种。期刊亦达上百种。

在新加坡，较有影响的华侨报纸是《南洋商报》和《星洲日报》。

《南洋商报》是1923年9月由陈嘉庚出资创办的。1937年7月，该报聘请原《星洲日报》主编傅无闷任经理兼总编辑。傅无闷改进该报的经营和版面安排，增辟了《南洋周刊》、《南洋文艺》、《南洋研究》等专栏，及时报道南洋和中国的抗日动态。

1941 年元旦，胡愈之接任《南洋商报》主编，他在新年特刊上发表《南洋的新时代》，指出："一九四一年到来了，南洋的新时代到来了。"中国的抗日战争是"正义之战，是民族解放战，是革命战"。这一年 12 月，日军入侵马来亚。《南洋商报》积极宣传抗日救亡，及时报道祖国和南洋的抗日救亡运动。他们在新闻稿上配以图片、漫画，附加小资料，增加"人物剪影"、"时事题解"专稿，增设"短评"、"星期漫谈"等专栏，加强评论和时事分析。胡愈之亲自动笔，一年内写了 400 多篇社论和短评。该报于 1942 年 2 月日军进攻新加坡时停刊。

《星洲日报》创刊于 1929 年 1 月，由胡文虎、胡文豹创办，起初主要为胡文虎的永安堂药厂作商业宣传。1937 年，关楚璞任总编辑。他文思敏捷，分析精辟，写了许多鼓励华侨归国抗战的时评，很受侨胞欢迎。该报增辟《南洋经济》、《南洋史地》等副刊。

马来亚华侨创办了《现代日报》、《现代周刊》、《华侨日报》、《古晋新闻日刊》等进步报刊。

菲律宾华侨创办了《救国导报》、《民族解放》、《民族抗战》等报刊。其中，1942 年 4 月由"菲律宾华侨劳工团体联合会"的林季良、麦慕平等创办的《华侨导报》，是一份宣传抗日的不定期地下油印刊物，编者要完成收听电讯、编写、刻版、油印、发行几个环节，最后到抗日游击队活动区散发，周而复始。编辑们不辞辛苦，及时报道祖国抗战要闻和菲律宾各地华侨的抗日斗争，广大侨胞备受鼓舞，当时被誉为"华侨抗日民主的旗帜"。

缅甸、泰国、越南等地，爱国华侨创办了《中国新报》、《曼谷日报》、《侨乡报》等报刊。

法国巴黎的"全欧华侨抗日救国联合会"于1938年9月创办了《祖国抗日情报》，成为巴黎最受瞩目的侨报。

德国柏林的"旅德华侨抗日联合会"，于1936年春出版了《抗联会刊》月刊，编印了《全民抗日联合战线讨论专号》，还出版丛书《全民抗日救国的基本问题》。七七事变后，该会印行《抗战情报》，及时报道祖国抗战情况，号召侨胞团结抗日，受到侨胞欢迎。

在美国，华侨创办了《华侨日报》、《亚洲公报》、《先锋报》、《三民晨报》、《世界日报》等，报道中国抗战消息，发动华侨捐款购买药品等物，支援祖国抗战。加拿大、墨西哥等国家也创办了华侨报刊，报道、转载中国抗战情况。

抗日战争胜利不久，蒋介石挑起内战。中国共产党及其军队，经过三年解放战争，推翻了代表大地主大资产阶级利益的国民党蒋介石政权，解放了全中国。中国人民站起来了。中国的报刊业与其他行业一样，迎来了新的时代，并取得辉煌业绩和巨大发展。

参考书目

1. 方汉奇著《中国近代报刊史》，山西人民出版社，1981。

2. 王凤超编著《中国的报刊》，人民出版社，1988。

3. 复旦大学新闻系新闻史教研室编著《简明中国新闻史》，福建人民出版社，1986。

4. 戈公振著《中国报学史》，中国新闻出版社，1985。

5. 曹正文、张国瀛著《旧上海报刊史话》，华东师范大学出版社，1991。

6. 秦绍德著《上海近代报刊史论》，复旦大学出版社，1993。

7. 史全生主编《中华民国文化史》，吉林文史出版社，1990。

8. 中国社会科学院新闻研究所编《抗日战争时期的中国新闻界》，重庆出版社，1987。

9. 戴知贤、李良志主编《抗战时期的文化教育》，北京出版社，1995。

10. 陶涵主编《世界新闻史大事记》，人民日报出版社，1988。

《中国史话》总目录

系列名	序号	书　名	作　者
物化历史系列（28种）	25	陵寝史话	刘庆柱　李毓芳
	26	敦煌史话	杨宝玉
	27	孔庙史话	曲英杰
	28	甲骨文史话	张利军
	29	金文史话	杜　勇　周宝宏
	30	石器史话	李宗山
	31	石刻史话	赵　超
	32	古玉史话	卢兆荫
	33	青铜器史话	曹淑芹　殷玮璋
	34	简牍史话	王子今　赵宠亮
	35	陶瓷史话	谢端琚　马文宽
	36	玻璃器史话	安家瑶
	37	家具史话	李宗山
	38	文房四宝史话	李雪梅　安久亮
制度、名物与史事沿革系列（20种）	39	中国早期国家史话	王　和
	40	中华民族史话	陈琳国　陈　群
	41	官制史话	谢保成
	42	宰相史话	刘晖春
	43	监察史话	王　正
	44	科举史话	李尚英
	45	状元史话	宋元强
	46	学校史话	樊克政
	47	书院史话	樊克政
	48	赋役制度史话	徐东升

系列名	序号	书　名	作　者
制度、名物与史事沿革系列（20种）	49	军制史话	刘昭祥　王晓卫
	50	兵器史话	杨　毅　杨　泓
	51	名战史话	黄朴民
	52	屯田史话	张印栋
	53	商业史话	吴　慧
	54	货币史话	刘精诚　李祖德
	55	宫廷政治史话	任士英
	56	变法史话	王子今
	57	和亲史话	宋　超
	58	海疆开发史话	安　京
交通与交流系列（13种）	59	丝绸之路史话	孟凡人
	60	海上丝路史话	杜　瑜
	61	漕运史话	江太新　苏金玉
	62	驿道史话	王子今
	63	旅行史话	黄石林
	64	航海史话	王　杰　李宝民　王　莉
	65	交通工具史话	郑若葵
	66	中西交流史话	张国刚
	67	满汉文化交流史话	定宜庄
	68	汉藏文化交流史话	刘　忠
	69	蒙藏文化交流史话	丁守璞　杨恩洪
	70	中日文化交流史话	冯佐哲
	71	中国阿拉伯文化交流史话	宋　岘

系列名	序号	书名	作者
	72	文明起源史话	杜金鹏　焦天龙
	73	汉字史话	郭小武
	74	天文学史话	冯时
	75	地理学史话	杜瑜
	76	儒家史话	孙开泰
	77	法家史话	孙开泰
	78	兵家史话	王晓卫
	79	玄学史话	张齐明
	80	道教史话	王卡
思想学术系列（21种）	81	佛教史话	魏道儒
	82	中国基督教史话	王美秀
	83	民间信仰史话	侯杰
	84	训诂学史话	周信炎
	85	帛书史话	陈松长
	86	四书五经史话	黄鸿春
	87	史学史话	谢保成
	88	哲学史话	谷方
	89	方志史话	卫家雄
	90	考古学史话	朱乃诚
	91	物理学史话	王冰
	92	地图史话	朱玲玲

系列名	序号	书名	作者
文学艺术系列（8种）	93	书法史话	朱守道
	94	绘画史话	李福顺
	95	诗歌史话	陶文鹏
	96	散文史话	郑永晓
	97	音韵史话	张惠英
	98	戏曲史话	王卫民
	99	小说史话	周中明　吴家荣
	100	杂技史话	崔乐泉
社会风俗系列（13种）	101	宗族史话	冯尔康　阎爱民
	102	家庭史话	张国刚
	103	婚姻史话	张　涛　项永琴
	104	礼俗史话	王贵民
	105	节俗史话	韩养民　郭兴文
	106	饮食史话	王仁湘
	107	饮茶史话	王仁湘　杨焕新
	108	饮酒史话	袁立泽
	109	服饰史话	赵连赏
	110	体育史话	崔乐泉
	111	养生史话	罗时铭
	112	收藏史话	李雪梅
	113	丧葬史话	张捷夫

系列名	序号	书名	作者	
	114	鸦片战争史话	朱谐汉	
	115	太平天国史话	张远鹏	
	116	洋务运动史话	丁贤俊	
	117	甲午战争史话	寇伟	
	118	戊戌维新运动史话	刘悦斌	
	119	义和团史话	卞修跃	
	120	辛亥革命史话	张海鹏	邓红洲
	121	五四运动史话	常丕军	
	122	北洋政府史话	潘荣	魏又行
	123	国民政府史话	郑则民	
	124	十年内战史话	贾维	
近代政治史系列（28种）	125	中华苏维埃史话	杨丽琼	刘强
	126	西安事变史话	李义彬	
	127	抗日战争史话	荣维木	
	128	陕甘宁边区政府史话	刘东社	刘全娥
	129	解放战争史话	朱宗震	汪朝光
	130	革命根据地史话	马洪武	王明生
	131	中国人民解放军史话	荣维木	
	132	宪政史话	徐辉琪	付建成
	133	工人运动史话	唐玉良	高爱娣
	134	农民运动史话	方之光	龚云
	135	青年运动史话	郭贵儒	
	136	妇女运动史话	刘红	刘光永
	137	土地改革史话	董志凯	陈廷煊
	138	买办史话	潘君祥	顾柏荣
	139	四大家族史话	江绍贞	
	140	汪伪政权史话	闻少华	
	141	伪满洲国史话	齐福霖	

系列名	序号	书名	作者
近代经济生活系列（17种）	142	人口史话	姜涛
	143	禁烟史话	王宏斌
	144	海关史话	陈霞飞 蔡渭洲
	145	铁路史话	龚云
	146	矿业史话	纪辛
	147	航运史话	张后铨
	148	邮政史话	修晓波
	149	金融史话	陈争平
	150	通货膨胀史话	郑起东
	151	外债史话	陈争平
	152	商会史话	虞和平
	153	农业改进史话	章楷
	154	民族工业发展史话	徐建生
	155	灾荒史话	刘仰东 夏明方
	156	流民史话	池子华
	157	秘密社会史话	刘才赋
	158	旗人史话	刘小萌
近代中外关系系列（13种）	159	西洋器物传入中国史话	隋元芬
	160	中外不平等条约史话	李育民
	161	开埠史话	杜语
	162	教案史话	夏春涛
	163	中英关系史话	孙庆

系列名	序号	书名	作者
近代中外关系系列（13种）	164	中法关系史话	葛夫平
	165	中德关系史话	杜继东
	166	中日关系史话	王建朗
	167	中美关系史话	陶文钊
	168	中俄关系史话	薛衔天
	169	中苏关系史话	黄纪莲
	170	华侨史话	陈　民　任贵祥
	171	华工史话	董丛林
近代精神文化系列（18种）	172	政治思想史话	朱志敏
	173	伦理道德史话	马　勇
	174	启蒙思潮史话	彭平一
	175	三民主义史话	贺　渊
	176	社会主义思潮史话	张　武　张艳国　喻承久
	177	无政府主义思潮史话	汤庭芬
	178	教育史话	朱从兵
	179	大学史话	金以林
	180	留学史话	刘志强　张学继
	181	法制史话	李　力
	182	报刊史话	李仲明
	183	出版史话	刘俐娜
	184	科学技术史话	姜　超

系列名	序号	书名	作者
近代精神文化系列（18种）	185	翻译史话	王晓丹
	186	美术史话	龚产兴
	187	音乐史话	梁茂春
	188	电影史话	孙立峰
	189	话剧史话	梁淑安
近代区域文化系列（11种）	190	北京史话	果鸿孝
	191	上海史话	马学强　宋钻友
	192	天津史话	罗澍伟
	193	广州史话	张　苹　张　磊
	194	武汉史话	皮明庥　郑自来
	195	重庆史话	隗瀛涛　沈松平
	196	新疆史话	王建民
	197	西藏史话	徐志民
	198	香港史话	刘蜀永
	199	澳门史话	邓开颂　陆晓敏　杨仁飞
	200	台湾史话	程朝云

《中国史话》主要编辑
出版发行人

总 策 划　谢寿光　　王　　正

执行策划　杨　群　　徐思彦　　宋月华

　　　　　　梁艳玲　　刘晖春　　张国春

统　　筹　黄　丹　　宋淑洁

设计总监　孙元明

市场推广　蔡继辉　　刘德顺　　李丽丽

责任印制　岳　阳